Английская бритва

Константин Паустовский

СОДЕРЖАНИЕ

Мещерская Сторона

Английская бритва

Всю ночь шел дождь, смешанный со снегом. Северный ветер свистел в гнилых стеблях кукурузы. Немцы молчали. Изредка наш истребитель, стоявший у берета, бил из орудий в сторону Мариуполя. Тогда черный гром сотрясал степь. Снаряды неслись в темноту с таким звоном, будто распарывали над головой кусок натянутого холста.

На рассвете два бойца, в блестящих от дождя касках, привели в глинобитную хату, где помещался майор, старого низенького человека. Его клетчатый мокрый пиджак прилип к телу. На ногах волочились огромные комья глины.

Бойцы молча положили на стол перед майором паспорт, бритву и кисточку для бритья – все, что нашли при обыске у старика, – и сообщили, что он ` был задержан в овраге около колодца.

Старик был допрошен. Он назвал себя парикмахером Мариупольского театра армянином Аветисом и рассказал историю, которая потом долго передавалась по всем соседним частям.

Парикмахер не успел бежать из Мариуоля до прихода немцев. Он спрятался в подвале театра вместе с двумя маленькими мальчиками, сыновьями его соседки-еврейки. За день до этого соседка ушла в город за хлебом и не вернулась. Должно быть, она была убита во время воздушной бомбардировки.

Парикмахер провел в подвале, вместе с мальчиками, больше суток. Дети сидели, прижавшись друг к другу, не спали и все время прислушивались. Ночью младший мальчик громко заплакал. Парикмахер прикрикнул на него. Мальчик затих. Тогда парикмахер достал из кармана пиджака бутылку с теплой водой. Он хотел напоить мальчика, но он не пил, отворачивался. Парикмахер взял его за подбородок – лицо у мальчика было горячее и мокрое – и насильно заставил напиться. Мальчик пил громко, судорожно и глотал вместе с мутной водой собственные слезы.

1

На вторые сутки ефрейтор немец и два солдата вытащили детей и парикмахера из подвала и привели к своему начальнику-лейтенанту Фридриху Кольбергу.

Лейтенант жил в брошенной квартире зубного врача. Вырванные оконные рамы были забиты фанерой. В квартире было темно и холодно над Азовским морем проходил ледяной шторм.

— Что это за спектакль?

— Трое, господин лейтенант! – доложил ефрейтор.

— Зачем врать,-мягко сказал лейтенант.- Мальчишки-евреи, но этот старый урод-типичный грек, великий потомок эллинов, пелопоннесская обезьяна. Иду на пари. Как! Ты армянин? А чем ты это мне докажешь, гнилая говядина?

Парикмахер смолчал. Лейтенант толкнул носком сапога в печку последний кусок золотой рамы и приказал отвести пленных в соседнюю пустую квартиру. К вечеру лейтенант пришел в эту квартиру со своим приятелем-толстым летчиком Эрли. Они принесли две завернутые в бумагу большие бутылки.

— Бритва с тобой? – спросил лейтенант парикмахера. – Да? Тогда побрей головы еврейским купидонам!

— Зачем это, Фри? – лениво спросил летчик.

— Красивые дети,-сказал лейтенант.-Не правда ли? Я хочу. их немного подпортить. Тогда мы их будем меньше жалеть.

Парикмахер обрил мальчиков. Они плакали, опустив головы, а парикмахер усмехался. Всегда, если с ним случалось несчастье, он криво усмехался. Эта усмешка обманула Кольберга, – лейтенант решил, что невинная его забава веселит старого армянина. Лейтенант усадил мальчиков за стол, откупорил бутылку и налил четыре полных стакана водки.

— Тебя я не угощаю, Ахиллес,-сказал он парикмахеру. – Тебе придется меня брить этим вечером. Я собираюсь к вашим красавицам в гости.

Лейтенант разжал мальчикам зубы и влил каждому в рот по полному стакану водки. Мальчики морщились, задыхались, слезы текли у них из глаз. Кольберг чокнулся с летчиком, выпил свой стакан и сказал:

— Я всегда был за мягкие способы, Эрли.

— Недаром ты носишь имя нашего доброго Шиллера, — ответил летчик. — Они сейчас будут танцевать у тебя маюфес.

— Еще бы!

Лейтенант влил детям в рот по второму стакану водки. Они отбивались, но лейтенант и летчик сжали им руки, лили водку медленно, следя за тем, чтобы мальчики выпивали ее до конца, и покрикивали: –

— Так! Так! Вкусно? Ну еще раз! Превосходно! У младшего мальчика началась рвота. Глаза его покраснели. Он сполз со стула и лег на пол. Летчик взял его под мышки, поднял, посадил на стул и влил в рот еще стакан водки. Тогда старший мальчик впервые закричал. Кричал он пронзительно и не отрываясь смотрел на лейтенанта круглыми от ужаса глазами.

— Молчи, кантор!- крикнул лейтенант. Он запрокинул старшему мальчику голову и вылил ему водку в рот прямо из бутылки. Мальчик упал со стула и пополз к стене. Он искал дверь, но, очевидно, ослеп, ударился головой о косяк, застонал и затих.

… – К ночи, – сказал парикмахер, задыхаясь, – они оба умерли. Они лежали маленькие и черные, как будто их спалила молния.

-Дальше!-сказал майор и потянул к себе приказ, лежавший на столе. Бумага громко зашуршала. Руки у майора дрожали.

— Дальше?-спросил парикмахер.-Ну, как хотите. Лейтенант приказал мне побрить его. Он был пьян. Иначе он не решился бы на эту глупость. Летчик ушел. Мы пошли с лейтенантом в его натопленную квартиру. Он сел к трюмо. Я зажег свечу в железном подсвечнике, согрел в печке воду и начал ему намыливать щеки. Подсвечник я поставил на стул около трюмо. Вы видели, должно быть, такие подсвечники: женщина с распущенными волосами держит лилию, и в чашечку лилии вставлена свеча. Я ткнул кистью с мыльной пеной в глаза лейтенанту. Он крикнул, но я успел ударить его изо всей силы железным подсвечником по виску.

— Наповал? – спросил майор.

3

— Да. Потом я пробирался к вам два дня, Майор посмотрел на бритву.

— Я знаю, почему вы смотрите, – сказал парикмахер.- Вы думаете, что я должен был пустить в дело бритву. Это было бы вернее. Но, знаете, мне было жаль ее. Это старая английская бритва. Я работаю с ней уже десять лет.

Майор встал и протянул парикмахеру руку.

— Накормите этого человека, – сказал он. – И дайте ему сухую одежду.

Парикмахер вышел. Бойцы повели его к полевой кухне.

— Эх, брат, – сказал один из бойцов и положил руку на плечо парикмахера. – От слез сердце слабеет. К. тому же и прицела не видно. Чтобы извести их всех до последнего, надо глаз иметь сухой. Верно я говорю?

Парикмахер кивнул, соглашаясь.

Истребитель ударил из орудий. Свинцовая вода вздрогнула, почернела, но тотчас к ней вернулся цвет отраженного неба-зеленоватый и туманный.

Барсучий нос

Озеро около берегов было засыпано ворохами желтых листьев. Их было так много, что мы не могли ловить рыбу. Лески ложились на листья и не тонули.

Приходилось выезжать на старом челне на середину озера, где доцветали кувшинки и голубая вода казалась черной, как деготь.

Там мы ловили разноцветных окуней. Они бились и сверкали в траве, как сказочные японские петухи. Мы вытаскивали оловянную плотву и ершей с глазами, похожими на две маленькие луны. Щуки ляскали на нас мелкими, как иглы, зубами.

Стояла осень в солнце и туманах. Сквозь облетевшие леса были видны далекие облака и синий густой воздух. По ночам в зарослях вокруг нас шевелились и дрожали низкие звезды.

У нас на стоянке горел костер. Мы жгли его весь день и ночь напролет, чтобы отгонять волков, — они тихо выли по дальним берегам озера. Их беспокоили дым костра и веселые человеческие крики.

Мы были уверены, что огонь пугает зверей, но однажды вечером в траве у костра начал сердито сопеть какой-то зверь. Его не было видно. Он озабоченно бегал вокруг нас, шумел высокой травой, фыркал и сердился, но не высовывал из травы даже ушей.

Картошка жарилась на сковороде, от нее шел острый вкусный запах, и зверь, очевидно, прибежал на этот запах.

С нами был маленький мальчик. Ему было всего девять лет, но он хорошо переносил ночевки в лесу и холод осенних рассветов. Гораздо лучше нас, взрослых, он все замечал и рассказывал.

Он был выдумщик, но мы, взрослые, очень любили его выдумки. Мы никак не могли, да и не хотели доказывать ему, что он говорит неправду. Каждый день он придумывал что-нибудь новое: то он слышал, как шептались рыбы, то видел, как

5

муравьи устроили себе паром через ручей из сосновой коры и паутины.

Мы делали вид, что верили ему.

Все, что окружало нас, казалось необыкновенным: и поздняя луна, блиставшая над черными озерами, и высокие облака, похожие на горы розового снега, и даже привычный морской шум высоких сосен.

Мальчик первый услышал фырканье зверя и зашипел на нас, чтобы мы замолчали. Мы притихли. Мы старались даже не дышать, хотя рука невольно тянулась к двустволке, — кто знает, что это мог быть за зверь!

Через полчаса зверь высунул из травы мокрый черный нос, похожий на свиной пятачок. Нос долго нюхал воздух и дрожал от жадности. Потом из травы показалась острая морда с черными пронзительными глазами. Наконец показалась полосатая шкурка.

Из зарослей вылез маленький барсук. Он поджал лапу и внимательно посмотрел на меня. Потом он брезгливо фыркнул и сделал шаг к картошке.

Она жарилась и шипела, разбрызгивая кипящее сало. Мне хотелось крикнуть зверьку, что он обожжется, но я опоздал — барсук прыгнул к сковородке и сунул в нее нос…

Запахло паленой кожей. Барсук взвизгнул и с отчаянным воплем бросился обратно в траву. Он бежал и голосил на весь лес, ломал кусты и плевался от негодования и боли.

На озере и в лесу началось смятение. Без времени заорали испуганные лягушки, всполошились птицы, и у самого берега, как пушечный выстрел, ударила пудовая щука.

Утром мальчик разбудил меня и рассказал, что он сам только что видел, как барсук лечит свой обожженный нос. Я не поверил.

Я сел у костра и спросонок слушал утренние голоса птиц. Вдали посвистывали белохвостые кулики, крякали утки, курлыкали журавли на сухих болотах — мшарах, плескались рыбы, тихо ворковали горлинки. Мне не хотелось двигаться.

Мальчик тянул меня за руку. Он обиделся. Он хотел

доказать мне, что он не соврал. Он звал меня пойти посмотреть, как лечится барсук.

Я нехотя согласился. Мы осторожно пробрались в чащу, и среди зарослей вереска я увидел гнилой сосновый пень. От него тянуло грибами и йодом.

Около пня, спиной к нам, стоял барсук. Он расковырял пень и засунул в середину пня, в мокрую и холодную труху, обожженный нос.

Он стоял неподвижно и холодил свой несчастный нос, а вокруг бегал и фыркал другой маленький барсучок. Он волновался и толкал нашего барсука носом в живот. Наш барсук рычал на него и лягался задними пушистыми лапами.

Потом он сел и заплакал. Он смотрел на нас круглыми и мокрыми глазами, стонал и облизывал своим шершавым языком больной нос. Он как будто просил о помощи, но мы ничем не могли ему помочь.

Через год я встретил на берегах этого же озера барсука со шрамом на носу. Он сидел у воды и старался поймать лапой гремящих, как жесть, стрекоз. Я помахал ему рукой, но он сердито чихнул в мою сторону и спрятался в зарослях брусники.

С тех пор я его больше не видел.

Белые кролики

Ганс Вермель считался самым опытным вором в роте лейтенанта Кнопфа. В этом не было, конечно, ничего удивительного. Несколько удивляло всех только то обстоятельство, что внешность Вермеля не соответствовала обычным представлениям о воре мирного времени. Это был вялый, неповоротливый солдат с тусклыми глазами. Говорил он мало и неохотно. Ходил, грохоча сапогами, дышал хрипло, черные его пальцы были похожи на клещи для сбрасывания с крыш зажигательных бомб. Но в военное время эти качества не мешали Вермелю ловить кур и душить их тремя пальцами.

У всех людей есть свои странности. Были они и у Вермеля. Он долго обнюхивал, как собака, все награбленные вещи. Те из них, запах которых ему не нравился, он отбрасывал в сторону. Кроме того, он мог есть непрерывно в течение целого дня. Для того чтобы вновь проголодаться, ему надо было только раз сильно рыгнуть. Одним словом, это был добротный образчик фашистской расы с ее свинцовыми внимательными глазками, свойственными жестоким и глупым животным.

В одном из южных советских городов Вермель в поисках пищи забрел в брошенную ветеринарную лабораторию. У выбитой двери стоял черномазый часовой-итальянец. Он загородил Вермелю дорогу штыком. Вермель ударил по винтовке, и она громко стукнула итальянца в челюсть. Итальянец закричал, но Вермель дал ему пинка в грудь.

— Молчи, макаронщик! Вшивый Муссолини!

Итальянец поднял винтовку, плюнул, выругался и ушел с поста, рискуя быть повешенным за нарушение обязанностей часового.

В лаборатории стоял запах холодных кислот. Осколки стеклянных колб, толщиной в папиросную бумагу, валялись на полу. В углу комнаты стояли клетки.

Вермель понюхал воздух и, грохоча сапогами, пошел к ним, — от клеток пахло теплой шерстью и навозом. Суетливые белые кролики, втиснув носы между прутьев, обнюхивали

8

немецкого солдата и смотрели на него розовыми глазками. Вермель сосчитал – кроликов было восемь. Он раздвинул прутья клетки и вытащил за уши первого кролика, потом второго, третьего. Это был обед для взвода, – праздничный обед из рассыпчатого, нежного мяса!

Рота Кнопа стояла рядом с ротой итальянских егерей лейтенанта Спалетти. К вечеру, в роте Спалетти начались злорадные разговоры о том, что соседи-немцы обожрались кроликами.

Часовой доложил Спалетти о немецком солдате, напавшем на него из-за угла. Немец выбил у часового винтовку и украл из лаборатории всех кроликов. Он убил их тут же, ударяя головой о мраморный стол и унес, завернув в свою вшивую куртку. Спалетти пригрозил часовому расстрелом и послал вестового к лейтенанту Кнопфу.

Десять немцев, обожравшихся кроликами, лежали вповалку в зале разрушенного кино среди других солдат, не получивших кроличьего мяса и потому переполненных завистью. Вермель рыгал и лениво сплевывал.

Дверь распахнулась. Кто-то ударил ее снаружи сапогом.

– Встать!-закричал визгливым женским голосом лейтенант Кноп и появился в дверях, пропуская полкового врача. – Встать, собачьи дети!

Солдаты тяжело встали и вытянулись. Кноп подтянул сапоги и прошелся на почтительном расстоянии вдоль шеренги солдат.

– Ну-ка, мальчики, – сказал он ласково, – кто это из вас украл кроликов и даже не захотел угостить своего лейтенанта хотя бы задней ногой?

Солдаты молчали. Речь лейтенанта им явно не нравилась.

– Кто жрал кроликов?- крикнул лейтенант, и голос его сорвался.

Солдаты переминались с ноги на ногу и молчали.

– Я вижу, что вы так набили себе брюхо, что не можете пошевелить языком, – сказал лейтенант спокойно. – Каждый немецкий солдат имеет право есть птицу и скот, отобранные у жителей. Но надо же соображать, что ты суешь себе в рот! А вы знаете, сукины дети, что ваши кролики были заражены бешенством для опытных целей?

Солдаты вздрогнули, но промолчали.

— Кто жрал кроликов? Солдаты не двигались.

— Не валяйте дурака,- сказал, наконец, полковой врач. — Вы не итальянцы. Мы заботимся о вашем благе. Тех, кто ел этих кроликов, мы отделим от остальных, отправим в тыл и сделаем им прививку от бешенства.

— В тыл! — воскликнул лейтенант. — Вот видите, что вы наделали, сволочи! В последний раз я приказываю: кто жрал кроликов, три шага вперед!

Вермель сделал шаг вперед. Лейтенант отскочил. Вся шеренга дрогнула, двинулась и отпечатала три гусиных тяжелых шага. Двадцать два человека! Двадцать два человека ухитрились съесть восемь кроликов!

Дальнейшие события развивались вполне благоприятно для двадцати двух солдат. Им приказали временно сдать оружие. Десять виновников молчаливо приняли в свой круг двенадцать голодных и неповинных в "кроличьей истории" солдат, – ведь каждому хочется побывать в тылу.

Все двадцать два человека внезапно поняли, почуяв близость тыловой жизни, как им осточертела эта война. Это было совсем не то, что раньше. Не веселая автомобильная прогулка по Дании. Там рукава их походных курток лоснились и пахли прогорклым молоком, как у молочниц, – так часто солдаты вытирали рты после выпитых сливок. И это была не Франция, где патроны пылились в подсумках, и не Бельгия, где не было даже минированных дорог.

Здесь мороз, скрипя под ногами, заставлял рвать в кровь собственные уши. Здесь дрались из-за каждого куста. Здесь все выло и взрывалось вокруг, и земля дымилась на десятки километров, как кратер огромного вулкана. К черту такую войну! После нее, пожалуй, не удастся обставить даже двухкомнатную квартиру в своем родном городе, и вместо двуспальной кровати придется валяться под кривым березовым крестом и слушать вой русской метели. К черту такую войну!

Ночью солдат выстроили и повели. Они охотно вскинули

на плечи свои вещевые мешки и начали сосредоточенно топать по мерзлой русской земле. Но повели их не в тыл. Чем дальше они шли, тем больше недоумевали, пока не поняли, что ведут их в сторону фронта, к большому оврагу, где только вчера они устраивали пулеметные гнезда.

— Что это значит? Что это за фокусы? – пробормотал один из солдат. Остальные поежились, но промолчали.

Это значило, что генерал, выслушав донесение о съеденных бешеных кроликах, крикнул, что он плюет на прививки, и приказал в эту же ночь расстрелять двадцать два солдата фюрера и закопать их трупы поглубже в землю. Он был седой и хитрый, этот генерал. Он сразу же догадался, что двадцать два человека не могли съесть восьмерых кроликов и что теперь уже нельзя найти виновных.

Несколько пулеметных очередей – и со всеми было потуплено одинаково. Так окончили жизнь двадцать два немецких солдата, не совершивших на земле всего, что им было предназначено и обещано фюрером, и сохранивших двадцать две пули в подсумках русских бойцов.

И такова уж человеческая справедливость,- итальянцы смеялись не над теми, кто съел бешеных кроликов, а, наоборот, над теми двенадцатью солдатами, которые их не ели и попали впросак. Здорово их надул полковой доктор.

Горная роса

Из Коктебеля в Старый Крым вела заросшая почтовая дорога. Она шла в ущельях покрытых дубовым кустарником и буковым лесом.

Лес уже опадал. Колеи были засыпаны рыжими листьями. Кое-где еще цвели маленькие желтые одуванчики, но вся трава уже высохла. Черные стволы буков обвивал свежий плющ. Его зеленые листья перемешивались с багровой осенней листвой. Казалось, что на плюще сидят сотни красных бабочек.

Мы с Гартом пошли в Старый Крым, за восемнадцать километров от Коктебеля, чтобы посмотреть развалины первой столицы Крыма – Солхата. Они еще сохранились в Старом Крыму.

Маленький белый город лепился на последних отрогах Крымских гор. Вековые орехи протягивали черные ветви над черепичными крышами. У подножия деревьев сидели сонные старики. Они торговали овощами и дешевыми феодосийскими папиросами.

Листья ореха лежали на земле тусклыми зелеными пятнами. Редкие прохожие давили их чувяками. Тогда острый запах возникал в тени вянущих деревьев и долго не исчезал.

Старый Крым был пустынен. Он напоминал нашу русскую деревню во время покоса, когда в избах остаются одни младенцы и старики. Мы долго бродили по улицам, где, кроме собак и дозревающего шиповника за оградами, никого и ничего не было.

Гора Агармыш бросала синий отсвет на заброшенный город.

Мы искали развалины Солхата и, наконец, нашли. Они были печальны и запущены. Разбитые надгробья тонули в бурьяне. К надгробьям кто-то привязал несколько старых коз с желтыми глазами.

На развалинах мечети мы встретили черного человека и двух рабочих-татар. Татары лениво разгребали щебень широкими лопатами и звенели ими о камни.

Мы подошли и увидели неглубокую яму. В ней лежала старинная гончарная труба, покрытая пылью.

Черный человек оказался очень словоохотливым. Он вовсе не был археологом, производившим раскопки, как предполагал Гарт. Он назвал себя мелиоратором, работавшим над разрешением сложной задачи об орошении восточного Крыма, фамилия его была Левченко.

Он сразу же заговорил с нами как со старыми знакомыми и остался очень доволен тем, что мы пришли в Старый Крым только для того, чтобы побродить по этим древним местам.

– Уважаю любопытных людей, – сказал Левченко и тут же вызвался показать нам город. Гарт поморщился. Он не выносил попутчиков и боялся их назойливых разговоров. Но делать было нечего и мы согласились.

Почти все население Старого Крыма занималось поисками кладов. Звон лопаты о пыльный металл или мраморную капитель колонны, гулкий стук, говоривший о наличии подземных пустот, – все это волновало Левченко не меньше, чем опытных археологов и стариков кладоискателей. Разница была лишь в том, что старики искали золотые монеты, а Левченко – никому не нужные гончарные трубы.

Левченко проследил подземные пути труб. Они шли на Агармыш и на соседние сухие горы, где не было ни одного источника пресной воды. На вершинах гор трубы упирались в разрушенные каменные бассейны, засыпанные галькой.

Тогда ЛеЕченко догадался: Солхат собирал и пил горную росу. Она оседала на гальке, конденсировалась на ней во время переходов от ночного холода к жарким дням и стекала на дно каменных бассейнов. Оттуда по трубам роса струилась в мраморные городские фонтаны.

– Вы представляете, – сказал Левченко, – какую вкусную и душистую воду пили в Солхате!

По лицу Гарта я видел, что от его раздражения против непрошенного попутчика не осталось и следа.

Открыв эти бассейны в горах, Левченко занялся изучением росы. Ее выпадало так много, что она могла дать Еоду не только Старому Крыму, но и Есем окрестным нолям и садам.

По словам Левченко, уже сейчас можно было получать росу из некоторых старинных цистерн. Нужно было только их расчистить и починить.

Мы вошли в редкий буковый лес на склонах Агармыша. Палый лист всех цветов – от лимонного до черного и от серого до пурпурного – лежал на траве, мокрой от крупной росы.

Синие тени деревьев придавали игре красок, рассыпанных по земле, необыкновенное разнообразие.

Весной окрестные леса тонут в непроходимей чаще цветов – в бересклете, крушине, боярышнике, маках, подснежниках, ландышах и аруме. Весной в Старый Крым привозят больных и лечат их ваннами из целебных трав и цветов.

Гарт остановился. Он снял шляпу и дышал теплым воздухом леса.

– Я свалял дурака, – сказал он мне и засмеялся. – Я согласился написать для Юнге рассказ о боре. Старик надеется, что это поможет осуществить проект о тунеллях под хребтом Варада. Теперь же мне хочется заняться росой. Это мне больше по душе, – космические вещи меня пугают.

– А вы сделайте и то и другое.

– Придется, – вздохнул Гарт.

Но космические вещи продолжали преследовать Гарта. Левченко рассказал о двух проектах орошения Крыма. По одному проекту предполагалось перегородить узкий Керченский пролив плотиной, чтобы закрыть прилив в Азовское море соленой черноморской воды. Через несколько лет Дон и Кубань превратили бы это море в пресное озеро, а сеть насосных станций оросила бы азовской водой степной засушливый Крым. Этот проект был отвергнут. Был принят проект, по которому часть вод Днепра по каналам пойдет от Каховки в крымские степи. Но осуществление этого проекта еще не началось.

Дружище Тобик

У писателя Александра Степановича Грина был в тихом Старом Крыму невзрачный пёсик-дворняга Тобик. Пёсика этого вся улица, где жил Грин, несправедливо считала дураком.

Когда соседской цепной собаке — лохматому Жоре — хозяйка выносила миску с похлёбкой, Тобик продирался в соседский двор через лаз в заборе, но к миске не подходил, страшась предостерегающего Жориного рыка.

Тобик останавливался в нескольких шагах от Жоры, но так, чтобы тот не мог его достать, становился перед Жорой на задние лапки и «служил» долго и терпеливо.

Так он привык выпрашивать кусочки еды у людей. Но Жора не давал ему даже понюхать похлёбки.

За это стояние на задних лапках перед такой же собакой, как и он сам, люди считали Тобика дураком: зря, мол, старается.

Точно так же Тобик выпрашивал кусочки еды у самого Грина, и всякий раз удачно. Хозяин был молчаливый и очень добрый человек. Обращаясь к Тобику, он говорил ему: «Дружище!»

Косясь на Тобика, Жора рычал и давился. Он торопливо лакал похлёбку, а глаза у Тобика мутнели от тоски напрасного ожидания. Иной раз даже слёзы появлялись у него на глазах, когда Жора кончал есть похлёбку и тщательно, до блеска вылизывал пустую миску. После этого Жора ещё долго обнюхивал землю вокруг миски — не завалилась ли там какая-нибудь косточка.

— Ну и дурак ваш Тобик, — злорадно говорили Грину соседи — Нет никакого соображения у этой собаки.

На это Грин спокойно отвечал соседям:

— Не дурак, а просто умная и вежливая собака.

В спокойствии гриновского голоса слышался нарастающий гнев, и соседи, всю жизнь привыкшие лезть в чужие дела, уходили, пожимая плечами, — лучше подальше от этого человека.

Я увидел Тобика после смерти Грина. Он ослеп, как говорили, от старости. Он сидел на пороге глинобитного белого дома, в котором умер Грин, и солнце отражалось в его жёлтых беспомощных глазах. Услышав, как скрипнула за мной калитка, он встал, неуверенно подошёл ко мне, ткнулся холодным носом в ноги и замер. Только старый и пушистый его хвост помахивал из стороны в сторону и поднимал белую известковую крымскую пыль.

– Давно он ослеп? – спросил я.

– Да после смерти хозяина. Всё тоскует, всё ждёт.

Я ожидал, что ответ будет именно таким, так как знал давно, что единственные живые существа на земле, которые умирают от разлуки с человеком, – это собаки.

Только один раз за всю жизнь я видел действительно глупую собаку. Это было под Москвой в дачной местности Переделкино. Молодой рыжий сеттер лаял на шишки, падавшие с вершин сосен. Дул сильный, порывистый ветер, и чем сильнее он дул, тем всё чаще падали шишки и тем всё больше разъярялся сеттер. Он свирепо гонялся за шишками, грыз их, мотал головой и отплёвывался. Потом он выбежал за забор дачи в чистое поле, где не было сосен и вообще никаких деревьев и никакие шишки не падали. Он сел среди поля, начал лаять на небо и лаял до рассвета, пока не охрип. По мнению одного поэта – знатока астрономии, он лаял на созвездие Малой Медведицы. Очевидно, он полагал, что все шишки сыплются из этого созвездия.

Выражение «собака – друг человека» безнадёжно устарело. У нас нет ещё слова, которое могло бы выразить одновременно самоотверженность, смелость и ум – все те великолепные качества, какими обладает собака. Я точно знаю, что человек, избивающий или мучающий собаку, – отпетый негодяй, даже если собака его за это простила.

Не знаю, как вы, а я испытываю величайшую нежность к собакам за их ласковость, за бурные проявления радости и обиды. Невозможно удержаться от смеха, когда видишь, как какой-нибудь Бобик бешено мчится со всех ног, чтобы догнать и облаять самое ненавистное для него изобретение человека – обыкновенное велосипедное колесо.

Любите собак. Не давайте их никому в обиду. Они ответят вам троекратной любовью.

Дядя Гиляй

(В. А. Гиляровский)

Мы часто говорим "времена Чехова", но вкладываем в эти слова преимущественно наше книжное умозрительное представление. Самый воздух этого недавнего времени, его окраска, его характер, слагавшийся из неисчислимых черт, все же потерян для нас. Наше поколение уже не может ощутить чеховское время, как нечто совершенно понятное и органически цельное.

В качестве свидетельства о нем для нас остались история, искусство, газеты и воспоминания. И немногие его современники.

Ничто не может дать такого живого представления о прошлом, как встреча с его современником, особенно с таким своеобразным и талантливым, каким был Владимир Александрович Гиляровский – человек неукротимой энергии и неудержимой доброты.

Прежде всего в Гиляровском поражала цельность и выразительность его характера. Если может существовать выражение "живописный характер", то оно целиком относится к Гиляровскому.

Он был живописен во всем – в своей биографии, в манере говорить, в ребячливости, во всей своей внешности, в разносторонней бурной талантливости.

Это был веселый труженик. Всю жизнь он работал (он переменил много профессий – от волжского бурлака до актера и писателя), но в любую работу он всегда вносил настоящую русскую сноровку, живость ума и даже некоторую удаль.

Не было, кажется, в окружающей жизни ни одного явления, которое не казалось бы ему заслуживающим пристального внимания.

Он никогда не был сторонним наблюдателем. Он вмешивался в жизнь без оглядки. Он должен был испробовать

18

все возможное, научиться делать все своими руками. Это свойство присуще только большим жизнелюбцам и безусловно талантливым людям.

Современник Чехова, Гиляровский по характеру своему был, конечно, человеком не тогдашнего чеховского времени. Его жизнь только по времени совпала с эпохой Чехова.

Несмотря на закадычную дружбу с Антоном Павловичем, Гиляровский, как мне кажется, внутренне не одобрял и не мог принять чеховских героев, склонных к сугубому самоанализу, к резинъяции и разумиям. Все это было Гиляровскому органически чуждо.

Гиляровскому бы жить во времена Запорожской Сечи, вольницы, отчаянно смелых набегов, бесшабашной отваги.

По строю своей души Гиляровский был запорожцем. Недаром Репин написал с него одного из своих казаков, пишущих письмо турецкому султану, а скульптор Андреев лепил с него Тараса Бульбу для барельефа на своем превосходном памятнике Гоголю.

Гиляровский был воплощением того, что мы называем "широкой натурой". Это выражалось у него не только в необыкновенной щедрости, доброте, но и в том, что от жизни Гиляровский тоже требовал многого.

Если красоты земли, то уж такие, чтобы захватывало дух, если работа, то такая, чтобы гудели руки, если бить – так уж бить сплеча.

И внешность у Гиляровского (я впервые увидел его уже стариком) была заметная и занятная – сивоусый, с немного насмешливым взглядом, в смушковой серой шапке и жупане, – он сразу же поражал собеседника блеском своего разговора, силой темперамента и ясно ощутимой значительностью своего внутреннего облика

Среди многих свойств таланта есть одно, которое совершенно покоряет нас, когда проявляется у людей пожилых, проживших большую и очень трудную жизнь. Эта черта – ребячливость.

У каждого были свои ребяческие страсти и выдумки. Горький любил разводить костры, даже в пепельницах,

Пушкин любил "розыгрыши" (вспомните его замечательный "розыгрыш" своего простодушного дядюшки Василия Львовича), Грин делать луки и стрелять из них в цель, Чехов – ловить карасей, Гайдар – пускать воздушных змеев, Багрицкий – ловить силками птиц.

Гиляровский был неистощим на мальчишеские выдумки. Однажды он придумал послать письмо в Австралию к какому-то вымышленному адресату, чтобы, получив это письмо обратно, судить по множеству почтовых штемпелей, какой удивительный и заманчивый путь прошло это письмо.

Гиляровский происходил из исконной русской семьи, отличавшейся строгими правилами и установленным из поколения в поколение неторопливым бытом.

Естественно, что в такой семье рождались люди цельные, крепкие, физически сильные. Гиляровский легко ломал пальцами серебряные рубли и разгибал подковы.

Однажды он приехал погостить к отцу и, желая показать свою силу, завязал узлом кочергу. Глубокий старик отец не на шутку рассердился на сына за то, что тот портит домашние вещи, и тут же в сердцах развязал и выпрямил кочергу.

У Гиляровского в жизни было много случаев, сделавших его в нашем представлении человеком просто легендарным.

Естественно, что человек такого размаха и своеобразия, как Гиляровский, не мог оказаться вне передовых людей и писателей своего времени. С Гиляровским дружили не только Чехов, но и Куприн, Бунин, и многие писатели, актеры и художники.

Но, пожалуй, Гиляровский мог гордиться больше, чем дружбой со знаменитостями тем, что был широко известным и любимым среди московской бедноты. Он был знатоком московского "дна", знаменитой Хитровки – приюта нищих, босяков, отщепенцев – множества талантливых и простых людей, не нашедших себе ни места, ни занятия в тогдашней жизни.

Хитровцы (или хитрованцы) любили его, как своего защитника, как человека, который один понимал всю глубину хитрованского героя, несчастий и опущенности.

Сколько нужно было бесстрашия, доброжелательства к людям и простосердечия, чтобы заслужить любовь и доверие сирых и озлобленных людей.

Один только Гиляровский мог безнаказанно приходить в любое время дня и ночи в самые опасные хитровские трущобы. Его никто не посмел бы тронуть пальцем. Лучшей охранной грамотой было его великодушие. Оно смиряло даже самые жестокие сердца.

Никто из писателей не знал так всесторонне Москву, как Гиляровский. Было удивительно, как может память одного человека сохранять столько историй о людях, улицах, рынках, церквах, площадях, театрах, садах, почти о каждом трактире старой Москвы.

У каждого трактира было свое лицо, свои завсегдатаи -от купеческого и аристократического Палкина до студенческой "Комаровки" у Петровских ворот и от трактира для "холодных" сапожников у Савеловского вокзала до знаменитого Гусева у Калужской заставы, где лучшая в Москве трактирная машина-оркестрион гремела, бряцая литаврами, свою неизменную песню: "Шумел-горел пожар московский".

Каждому времени нужен свой летописец, не только в области исторических событий, но и летописец быта и уклада.

Летопись быта с особой резкостью и зримостью приближает к нам прошлое. Чтобы до конца понять хотя бы Льва Толстого или Чехова, мы должны знать быт того времени. Даже поэзия Пушкина приобретает свой полный блеск лишь для того, кто знает быт

пушкинского времени. Поэтому так ценны для нас рассказы таких писателей, как Гиляровский. Его можно назвать "комментатором своего времени".

К сожалению, у нас таких писателей почти не было. Да и сейчас их нет. А они делали и делают огромное культурное дело.

О Москве Гиляровский мог с полным правом сказать: "Моя Москва". Невозможно представить себе Москву конца девятнадцатого и начала двадцатого века без Гиляровского, как невозможно ее представить без Художественного театра, Шаляпина и Третьяковской галереи.

Хлебосольный, открытый и шумный дом Гиляровского был своего рода средоточием Москвы. По существу это был (как и сейчас остался) редкий музей культуры, живописи и быта чеховских времен. Необходимо бережно сохранить его, как образчик московского житейского обихода девятнадцатого века.

Есть люди, без которых трудно представить себе существование общества и литературы. Это – своего рода бродильные дрожжи, искристый винный ток.

Не важно- много ли они, или мало написали. Важно, что они жили, что вокруг них кипела литературная и общественная жизнь, что вся современная им история страны преломлялась в их деятельности. Важно то, что они определяли собой свое время.

Таким был Владимир Александрович Гиляровский – поэт, писатель, знаток Москвы и России, человек большого сердца, чистейший образец талантливости нашего народа.

Заботливый цветок

Есть такое растение – высокое, с красными цветами. Цветы эти собраны в большие стоячие кисти. Называется оно кипрей.

Об этом кипрее я и хочу рассказать.

Прошлым летом я жил в маленьком городке на одной из наших полноводных рек. Около этого городка сажали сосновые леса.

Как всегда в таких городках, на базарной площади весь день стояли телеги с сеном. Около них спали мохнатые лошадёнки. К вечеру стадо, возвращаясь из лугов, подымало красную от заката пыль. Охрипший громкоговоритель передавал местные новости.

Однажды я шёл перед вечером мимо базарной площади в лесничество. Оно помещалось на окраине городка над рекой. Среди улицы мальчишки играли в футбол. Громкоговоритель висел на телеграфном столбе. Он неожиданно защёлкал, откашлялся и сказал басом:

«Ребята! Напоминаем, что завтра в шесть часов утра состоится поход в Моховой лес для сбора сосновых шишек из беличьих запасов. Руководить походом будет сотрудница лесничества Анна Петровна Заречная».

Я не мог понять, о каких беличьих запасах идёт речь. Кого бы расспросить об этом? Мальчишки продолжали гонять мяч, будто они и не слыхали громового голоса из чёрной тарелки на столбе. Из окна в соседнем домишке высунулась старушка.

– Петя! – закричала она дребезжащим голосом. – Кузя! Ступайте домой, неслухи. Завтра спозаранку в лес идти, а вы футбол затеяли. Я вас на заре подымать не буду. Я вам не будильник.

– Счас! – закричали в ответ мальчики. – Последний гол забьём!

Неожиданно футбольный мяч угодил в козу, привязанную к крылечку. Коза вскрикнула, взвилась на дыбы и оборвала верёвку. Мальчишки бросились врассыпную. Из всех окошек высунулись разгневанные хозяйки.

23

— Озорники! — закричали хозяйки. — Вот скажем Анне Петровне, чтобы она вас в лес не брала.

Я пошёл дальше. За углом я увидел мальчиков. Они, оказывается, прятались там от хозяек.

— Ребята, — спросил я мальчиков, — что это за беличьи запасы, про которые объявляли по радио?

Мальчики наперебой начали рассказывать мне, что никто лучше белок не умеет собирать сосновые шишки.

— Они их себе на зиму запасают! — кричали мальчики. — Складывают в дупла. Да ты не толкайся, дай мне сказать. Белка только здоровые шишки берёт.

— Без нас эти шишки никто и не достанет! — закричал мальчик с отчаянными синими глазами. — Дупло высоко. А мы туда — раз-раз! Мигом долезем и все шишки выберем.

— А вам белок не жалко? — спросил я.

— Белки не обижаются! — закричали, волнуясь, мальчики. — Они за два-три часа опять полное дупло натаскают.

— Вы в лесничество идёте? — спросил меня мальчик с синими глазами.

— Да, в лесничество.

— Мы давно приметили, что вы туда ходите. Так вы, пожалуйста, Анне Петровне про козу не рассказывайте. Мы в неё мячом случайно попали.

Я пообещал ничего не говорить Анне Петровне. Но даже если бы я ей и рассказал про случай с козой, то Анна Петровна (все в лесничестве её звали Анютой) на мальчиков не рассердилась бы, потому что сама была молодая, весёлая и только год назад окончила лесной техникум.

Около дома, где помещалось лесничество, разросся по склону оврага тенистый сад. По дну оврага протекала речушка. Тут же невдалеке она впадала в большую реку.

Речушка была тихая, с ленивым течением и густыми зарослями по берегам. В этих зарослях была протоптана к воде тропинка, а около неё стояла скамейка. В свободные минуты лесничий Михаил Михайлович, Анюта и другие сотрудники лесничества любили немного посидеть на этой скамейке, посмотреть, как толчётся над водой мошкара и как заходящее солнце догорает на облаках, похожих на парусные корабли.

В этот вечер я застал Михаила Михайловича и Анюту на скамейке на берегу реки.

В омуте у наших ног плавала необыкновенно зелёная ряска. На чистых местах цвёл водокрас — белые и тонкие, как папиросная бумага, цветы с красной сердцевиной. Выше омута на крутом берегу островами разросся кипрей.

— Кипрей — это наш помощник, — заметил Михаил Михайлович.

— И белки тоже неплохие помощники, — добавила Анюта.

— О белках я узнал только что, — сказал я. — От мальчиков. Это правда, что вы отбираете у белок сосновые шишки?

— А как же! — ответила Анюта. — Лучших сборщиков шишек, чем белки, нету на свете. Пойдёмте с нами завтра в лес. Сами увидите.

— Ну что ж, — согласился я. — Пойдёмте. А вот кипрей чем вам помогает, я не знаю. До сих пор я только знал, что его листья заваривают вместо чая.

— Потому его и прозвали в народе иван-чаем, — объяснил Михаил Михайлович. — А помогает он нам вот чем…

Михаил Михайлович начал рассказывать.

Кипрей всегда разрастается на лесных пожарищах и порубках. Недавно ещё кипрей считали сорной травой. Он только и годился, что на дешёвый чай. Лесники безжалостно вырывали весь кипрей, что вырастал рядом с молодыми сосенками. Делали это они потому, что считали, будто кипрей заглушает побеги сосен, отнимает у них свет и влагу.

Но вскоре заметили, что сосенки в тех местах, где уничтожен кипрей, совсем не могут бороться с холодом и от первых же утренних морозов, какие бывают в начале осени, начисто погибают.

Учёные, конечно, начали искать причину этого и наконец нашли.

— Что же оказалось? — спросил Михаил Михайлович и сам себе ответил: — А оказалось, что кипрей — очень тёплый цветок. Когда ударит осенний мороз и иней посеребрит траву, то

25

около кипрея инея нету. Потому что вокруг кипрея стоит тёплый воздух. Этот цветок выделяет из себя теплоту. И в этой теплоте растут себе без страха все соседи кипрея, все слабенькие побеги, пока зима не прикроет их, как ватным одеялом, глубоким снежком. И заметьте, что кипрей всегда разрастается рядом с молодыми соснами. Это их сторож, их защитник, их нянька. Бывает, в сильный мороз у кипрея отмёрзнет вся верхушка, а он всё равно не сдаётся, живёт и дышит теплотой. Самоотверженный цветок!

— Кипрей, — сказала Анюта, — не только воздух обогревает, но и почву. Так что и корешки всех этих побегов не замерзают.

— Вы думаете, один кипрей такой замечательный? — спросил меня Михаил Михайлович. — Почти про каждое растение можно рассказать такие удивительные вещи, что вы просто ахнете. Что ни цветок, то прямо рассказ. Растения спасают нас от болезней, дают крепкий сон, свежие силы, одевают, кормят — всего не перечтёшь. Нет у нас лучших друзей, чем растения. Да если бы я умел рассказывать сказки, я бы о каждой травинке, о каждом каком-нибудь незаметном маленьком лютике или колоске порассказал бы такое, что все старые добрые сказочники мне бы позавидовали.

— Ещё бы! — сказала Анюта. — Если бы они знали тогда то, что мы знаем сейчас, тогда и сказок не надо бы.

На следующий день я ходил вместе с мальчиками и Анютой в Моховой лес, видел беличьи склады сосновых шишек, видел заросли кипрея на гарях и молодых посадках, и с тех пор я начал относиться и к белкам, и к цветам кипрея, и к молодым сосенкам как к своим верным друзьям.

Перед отъездом я сорвал кисть кипрея. Анюта высушила её мне в сухом песке. От этого цветы не потеряли своей яркой пунцовой окраски.

У себя в Москве я заложил эту сухую кисть кипрея в толстую книгу. Называлась она «Русские народные сказки». И каждый раз, когда я раскрывал эту книгу, я думал о том, что жизнь, окружающая нас, хотя бы жизнь вот этого простенького и скромного цветка, бывает интереснее самых волшебных сказок.

Заячьи лапы

К ветеринару в наше село пришел с Урженского озера Ваня Малявин и принес завернутого в рваную ватную куртку маленького теплого зайца. Заяц плакал и часто моргал красными от слез глазами…

– Ты что, одурел? – крикнул ветеринар. – Скоро будешь ко мне мышей таскать, оголец!

– А вы не лайтесь, это заяц особенный, – хриплым шепотом сказал Ваня. Его дед прислал, велел лечить.

– От чего лечить-то?

– Лапы у него пожженные.

Ветеринар повернул Ваню лицом к двери, толкнул в спину и прикрикнул вслед:

– Валяй, валяй! Не умею я их лечить. Зажарь его с луком – деду будет закуска.

Ваня ничего не ответил. Он вышел в сени, заморгал глазами, потянул носом и уткнулся в бревенчатую стену. По стене потекли слезы. Заяц тихо дрожал под засаленной курткой.

– Ты чего, малый? – спросила Ваню жалостливая бабка Анисья; она привела к ветеринару свою единственную козу. – Чего вы, сердешные, вдвоем слезы льете? Ай случилось что?

– Пожженный он, дедушкин заяц, – сказал тихо Ваня. – На лесном пожаре лапы себе пожег, бегать не может. Вот-вот, гляди, умреть.

– Не умреть, малый, – прошамкала Анисья. – Скажи дедушке своему, ежели большая у него охота зайца выходить, пущай несет его в город к Карлу Петровичу.

Ваня вытер слезы и пошел лесами домой, на Урженское озеро. Он не шел, а бежал босиком по горячей песчаной дороге. Недавний лесной пожар прошел стороной на север около самого озера. Пахло гарью и сухой гвоздикой. Она большими островами росла на полянах.

Заяц стонал.

Ваня нашел по дороге пушистые, покрытые серебряными

мягкими волосами листья, вырвал их, положил под сосенку и развернул зайца. Заяц посмотрел на листья, уткнулся в них головой и затих.

– Ты чего, серый? – тихо спросил Ваня. – Ты бы поел.

Заяц молчал.

– Ты бы поел, – повторил Ваня, и голос его задрожал. – Может, пить хочешь?

Заяц повел рваным ухом и закрыл глаза.

Ваня взял его на руки и побежал напрямик через лес – надо было поскорее дать зайцу напиться из озера.

Неслыханная жара стояла в то лето над лесами. Утром наплывали вереницы белых облаков. В полдень облака стремительно рвались вверх, к зениту, и на глазах уносились и исчезали где-то за границами неба. Жаркий ураган дул уже две недели без передышки. Смола, стекавшая по сосновым стволам, превратилась в янтарный камень.

Наутро дед надел чистые онучи и новые лапти, взял посох и кусок хлеба и побрел в город. Ваня нес зайца сзади. Заяц совсем притих, только изредка вздрагивал всем телом и судорожно вздыхал.

Суховей вздул над городом облако пыли, мягкой, как мука. В ней летал куриный пух, сухие листья и солома. Издали казалось, что над городом дымит тихий пожар.

На базарной площади было очень пусто, знойно; извозчичьи лошади дремали около водоразборной будки, и на головах у них были надеты соломенные шляпы. Дед перекрестился.

– Не то лошадь, не то невеста – шут их разберет! – сказал он и сплюнул.

Долго спрашивали прохожих про Карла Петровича, но никто толком ничего не ответил. Зашли в аптеку. Толстый старый человек в пенсне и в коротком белом халате сердито пожал плечами и сказал:

– Это мне нравится! Довольно странный вопрос! Карл Петрович Корш специалист по детским болезням – уже три года как перестал принимать пациентов. Зачем он вам?

28

Дед, заикаясь от уважения к аптекарю и от робости, рассказал про зайца.

– Это мне нравится! – сказал аптекарь. – Интересные пациенты завелись в нашем городе. Это мне замечательно нравится!

Он нервно снял пенсне, протер, снова нацепил на нос и уставился на деда. Дед молчал и топтался на месте. Аптекарь тоже молчал. Молчание становилось тягостным.

– Почтовая улица, три! – вдруг в сердцах крикнул аптекарь и захлопнул какую-то растрепанную толстую книгу. – Три!

Дед с Ваней добрели до Почтовой улицы как раз вовремя – из-за Оки заходила высокая гроза. Ленивый гром потягивался за горизонтом, как заспанный силач распрямлял плечи и нехотя потряхивал землю. Серая рябь пошла по реке. Бесшумные молнии исподтишка, но стремительно и сильно били в луга; далеко за Полянами уже горел стог сена, зажженный ими. Крупные капли дождя падали на пыльную дорогу, и вскоре она стала похожа на лунную поверхность: каждая капля оставляла в пыли маленький кратер.

Карл Петрович играл на рояле нечто печальное и мелодичное, когда в окне появилась растрепанная борода деда.

Через минуту Карл Петрович уже сердился.

– Я не ветеринар, – сказал он и захлопнул крышку рояля. Тотчас же в лугах проворчал гром. – Я всю жизнь лечил детей, а не зайцев.

– Что ребенок, что заяц – все одно, – упрямо пробормотал дед. – Все одно! Полечи, яви милость! Ветеринару нашему такие дела неподсудны. Он у нас коновал. Этот заяц, можно сказать, спаситель мой: я ему жизнью обязан, благодарность оказывать должен, а ты говоришь – бросить!

Еще через минуту Карл Петрович – старик с седыми взъерошенными бровями, – волнуясь, слушал спотыкающийся рассказ деда.

Карл Петрович в конце концов согласился лечить зайца. На следующее утро дед ушел на озеро, а Ваню оставил у Карла Петровича ходить за зайцем.

Через день вся Почтовая улица, заросшая гусиной травой,

уже знала, что Карл Петрович лечит зайца, обгоревшего на страшном лесном пожаре и спасшего какого-то старика. Через два дня об этом уже знал весь маленький город, а на третий день к Карлу Петровичу пришел длинный юноша в фетровой шляпе, назвался сотрудником московской газеты и попросил дать беседу о зайце.

Зайца вылечили. Ваня завернул его в ватное тряпье и понес домой. Вскоре историю о зайце забыли, и только какой-то московский профессор долго добивался от деда, чтобы тот ему продал зайца. Присылал даже письма с марками на ответ. Но дед не сдавался. Под его диктовку Ваня написал профессору письмо:

Заяц не продажный, живая душа, пусть живет на воле. При сем остаюсь Ларион Малявин.

…Этой осенью я ночевал у деда Лариона на Урженском озере. Созвездия, холодные, как крупинки льда, плавали в воде. Шумел сухой тростник. Утки зябли в зарослях и жалобно крякали всю ночь.

Деду не спалось. Он сидел у печки и чинил рваную рыболовную сеть. Потом поставил самовар – от него окна в избе сразу запотели и звезды из огненных точек превратились в мутные шары. Во дворе лаял Мурзик. Он прыгал в темноту, ляскал зубами и отскакивал – воевал с непроглядной октябрьской ночью. Заяц спал в сенях и изредка во сне громко стучал задней лапой по гнилой половице.

Мы пили чай ночью, дожидаясь далекого и нерешительного рассвета, и за чаем дед рассказал мне наконец историю о зайце.

В августе дед пошел охотиться на северный берег озера. Леса стояли сухие, как порох. Деду попался зайчонок с рваным левым ухом. Дед выстрелил в него из старого, связанного проволокой ружья, но промахнулся. Заяц удрал.

Дед пошел дальше. Но вдруг затревожился: с юга, со стороны Лопухов, сильно тянуло гарью. Поднялся ветер. Дым густел, его уже несло белой пеленой по лесу, затягивало кусты. Стало трудно дышать.

Дед понял, что начался лесной пожар и огонь идет прямо

на него. Ветер перешел в ураган. Огонь гнало по земле с неслыханной скоростью. По словам деда, даже поезд не мог бы уйти от такого огня. Дед был прав: во время урагана огонь шел со скоростью тридцати километров в час.

Дед побежал по кочкам, спотыкался, падал, дым выедал ему глаза, а сзади был уже слышен широкий гул и треск пламени.

Смерть настигала деда, хватала его за плечи, и в это время из-под ног у деда выскочил заяц. Он бежал медленно и волочил задние лапы. Потом только дед заметил, что они у зайца обгорели.

Дед обрадовался зайцу, будто родному. Как старый лесной житель, дед знал, что звери гораздо лучше человека чуют, откуда идет огонь, и всегда спасаются. Гибнут они только в тех редких случаях, когда огонь их окружает.

Дед побежал за зайцем. Он бежал, плакал от страха и кричал: «Погоди, милый, не беги так-то шибко!»

Заяц вывел деда из огня. Когда они выбежали из леса к озеру, заяц и дед – оба упали от усталости. Дед подобрал зайца и понес домой. У зайца были опалены задние ноги и живот. Потом дед его вылечил и оставил у себя.

– Да, – сказал дед, поглядывая на самовар так сердито, будто самовар был всему виной, – да, а перед тем зайцем, выходит, я сильно провинился, милый человек.

– Чем же ты провинился?

– А ты выдь, погляди на зайца, на спасителя моего, тогда узнаешь. Бери фонарь!

Я взял со стола фонарь и вышел в сенцы. Заяц спал. Я нагнулся над ним с фонарем и заметил, что левое ухо у зайца рваное. Тогда я понял все.

Золотой линь

Когда в лугах покосы, то лучше не ловить рыбу на луговых озерах. Мы знали это, но все-таки пошли на Прорву.

Неприятности начались сейчас же за Чертовым мостом.

Разноцветные бабы копнили сено. Мы решили их обойти стороной, но бабы нас заметили.

– Куда, соколики? – закричали и захохотали бабы.– Кто удит, у того ничего не будет!

– На Прорву подались, верьте мне, бабочки! – крикнула высокая и худая вдова, прозванная Грушей-пророчицей.– Другой пути у них нету, у горемычных моих!

Бабы изводили нас все лето. Сколько бы мы ни наловили рыбы, они всегда говорили с жалостью:

– Ну что ж, на ушицу себе наловили – и то счастье. А мой Петька надысь десять карасей принес. И до чего гладких – прямо жир с хвоста каплет!

Мы знали, что Петька принес всего двух худых карасей, но молчали. С этим Петькой у нас были свои счеты: он срезал у Рувима английский крючок и выследил места, где мы прикармливали рыбу. За это Петьку, по рыболовным законам, полагалось вздуть, но мы его простили.

Когда мы выбрались в некошеные луга, бабы стихли.

Сладкий конский щавель хлестал нас по груди. Медуница пахла так сильно, что солнечный свет, затопивший рязанские дали, казался жидким медом. Мы дышали теплым воздухом трав, вокруг нас гулко жужжали шмели и трещали кузнечики.

Тусклым серебром шумели над головой листья столетних ив. От Прорвы тянуло запахом кувшинок и чистой холодной воды. Мы успокоились, закинули удочки, но неожиданно из лугов приплелся дед, по прозвищу «Десять процентов».

– Ну, как рыбка? – спросил он, щурясь на воду, сверкавшую от солнца.– Ловится?

Всем известно, что на рыбной ловле разговаривать нельзя. Дед сел, закурил махорку и начал разуваться. Он долго рассматривал рваный лапоть и шумно вздохнул:

– Изодрал лапти на покосе вконец. Не-ет, нынче клевать у вас не будет, нынче рыба заелась,– шут ее знает, какая ей насадка нужна.

Дед помолчал. У берега сонно закричала лягушка.

– Ишь стрекочет,– пробормотал дед и взглянул на небо.

Тусклый розовый дым висел над лугом. Сквозь этот дым просвечивала бледная синева, а над седыми ивами висело желтое солнце.

– Сухомень! – вздохнул дед.– Надо думать, к вечеру ха-а-роший дождь натянет.

Мы молчали.

– Лягва тоже не зря кричит,– объяснил дед, слегка обеспокоенный нашим угрюмым молчанием.– Лягва, милок, перед грозой завсегда тревожится, скачет куды ни попало. Надысь я ночевал у паромщика, уху мы с ним в казанке варили у костра, и лягва – кило в ней было весу, не меньше– сиганула прямо в казанок, там и сварилась. Я говорю: «Василий, остались мы с тобой без ухи», а он говорит: «Черта ли мне в этой лягве! Я во время германской войны во Франции был, там лягву едят почем зря. Ешь. не пужайся». Так мы ту уху и схлебали.

– И ничего? – спросил я.– Есть можно?

– Скусная пища,– ответил дед, прищурился, подумал.– Хошь, я тебе пиджак из лыка сплету? Я, милок, из лыка цельную тройку сплел – пиджак, штаны и жилетку – для Всесоюзной выставки. Супротив меня нет лучшего лапотника на весь колхоз.

Дед ушел только через два часа. Рыба у нас, конечно, не клевала.

Пи у кого в мире нет стольких самых разнообразных врагов, как у рыболовов. Прежде всего – мальчишки. В лучшем случае они будут часами стоять за спиной и оцепенело смотреть на поплавок.

В худшем случае они начнут купаться поблизости, пускать пузыри и нырять, как лошади. Тогда надо сматывать удочки и менять место.

Кроме мальчишек, баб и болтливых стариков, у нас были

враги более серьезные: подводные коряги, комары, ряска, грозы, ненастье и прибыль воды в озерах и реках.

Ловить в коряжистых местах было очень заманчиво, там пряталась крупная и ленивая рыба. Брала она медленно и верно, глубоко топила Поплавок, потом запутывала леску о корягу и обрывала се вместе с поплавком.

Тонкий комариный зуд приводил нас в трепет. Первую половину лета мы ходили все в крови и волдырях от комариных укусов.

В безветренные жаркие дни, когда в небе сутками стояли на одном месте вес те же пухлые, похожие па вату облака, в заводях и озерах появлялась мелкая водоросль, похожая на плесень,– ряска. Вода затягивалась липкой зеленой пленкой, такой толстой, что даже грузило не могло ее пробить.

Перед грозой рыба тоже переставала клевать. Она боялась грозы, затишья, когда земля глухо дрожит от далекого грома.

В ненастье и во время прибыли воды клева не было.

Но зато как хороши были туманные и свежие утра, когда тени деревьев лежали далеко на воде и под самым берегом ходили стаями неторопливые пучеглазые голавли! В такие утра стрекозы любили садиться на перяные поплавки, и мы с замиранием сердца смотрели, как поплавок со стрекозой вдруг медленно и косо шел в воду, стрекоза взлетала, замочив свои лапки, а на конце лески туго ходила по дну сильная и веселая рыба.

Как хороши были красноперки, падавшие живым серебром в густую траву, прыгавшие среди одуванчиков и кашки! Хороши были закаты вполнеба над лесными озерами, тонкий дым облаков, холодные стебли лилии, треск костра, кряканье диких уток.

Дед оказался прав: к вечеру пришла гроза. Она долго ворчала в лесах, потом поднялась к зениту пепельной стеной, и первая молния хлестнула в далекие стога.

Мы просидели в палатке до ночи. В полночь дождь стих. Мы разожгли большой костер и обсохли.

В лугах печально кричали ночные птицы, и белая звезда переливалась над Прорвой в предутреннем небе.

Я задремал. Разбудил меня крик перепела.

– Пить пора! Пить пора! Пить пора! -кричал он где-то рядом, в зарослях шиповника и крушины.

Мы спустились с крутого берега к воде, цепляясь за корни и травы. Вода блестела, как черное стекло. На песчаном дне были видны дорожки, проложенные улитками.

Рувим закинул удочку недалеко от меня. Через несколько минут я услышал его тихий призывный свист. Это был наш рыболовный язык. Короткий свист три раза значил: «Бросайте всё и идите сюда».

Я осторожно подошел к Рувиму. Он молча показал мне на поплавок. Клевала какая-то странная рыба. Поплавок качался, осторожно ерзал то вправо, то влево, дрожал, но не тонул.

Он стал наискось, чуть окунулся н снова вынырнул.

Рувим застыл,– так клюет только очень крупная рыба…

Поплавок быстро пошел в сторону, остановился, выпрямился и начал медленно тонуть.

– Топит,– сказал я.– Тащите!

Рувим подсек. Удилище согнулось в дугу, леска со свистом врезалась в воду. Невидимая рыба туго и медленно водила леску по кругам. Солнечный свет упал на воду сквозь заросли ветел, и я увидел под водой яркий бронзовый блеск: это изгибалась и пятилась в глубину пойманная рыба Мы вытащили ее только через несколько минут. Это оказался громадный ленивый линь со смуглой золотой чешуей и черными плавниками. Он лежал в мокрой траве и медленно шевелил толстым хвостом.

Рувим вытер пот со лба и закурил.

Мы больше не ловили, смотали удочки и пошли в деревню.

Рувим нес линя. Он тяжело свисал у него с плеча. С линя капала вода, а чешуя сверкала так ослепительно, как золотые купола бывшего монастыря. В ясные дни купола были видны за тридцать километров.

Мы нарочно прошли через луга мимо баб. Бабы, завидев нас, бросили работу и смотрели на линя, прикрыв ладонями глаза, как смотрят на нестерпимое солнце.

Бабы молчали. Потом легкий шепот восторга прошел по их пестрым рядам,

Мы шли через строй баб спокойно и независимо. Только одна из них вздохнула и, берясь за грабли, сказала нам вслед:

– Красоту-то какую понесли – глазам больно!

Мы не торопясь пронесли линя через всю деревню. Старухи высовывались из окон и глядели нам в спину. Мальчишки бежали следом и канючили:

– Дядь, а дядь, где пымал? Дядь, а дядь, на што клюнуло?

Дед «Десять процентов» пощелкал линя по золотым твердым жабрам и засмеялся:

– Ну, теперь бабы языки подожмут! А то у них все хаханьки да хиханьки. Теперь дело иное, серьезное.

С тех пор мы перестали обходить баб. Мы шли прямо на них, и бабы кричали нам ласково:

– Ловить вам не переловить! Не грех бы и нам рыбки принести!

Так восторжествовала справедливость.

Иван Бунин

Во Франции умер замечательный русский писатель – писатель классической силы и простоты – Иван Алексеевич Бунин.

Он умер под чужим небом в ненужном и горьком изгнании, которое он сам создал для себя, в непереносимой тоске по России и своему народу.

Кто знает, сколько отчаяния от этой разлуки перенес наедине с собой этот внешне спокойный и сдержанный человек.

Не будем судить Бунина. Не стоит вспоминать его роковую ошибку. Не это важно сейчас.

Важно то, что он наш, что мы вернули его нашему народу, нашей русской литературе, и отныне он займет в ней то высокое место, которое ему принадлежит по праву.

Меня просили сказать вступительное слово на первом вечере памяти Бунина. Я начал готовиться к нему, но открыл наугад одну из книг Бунина – и все пропало! Я зачитался, и у меня почти не осталось времени, чтобы набросать на бумаге заметки о Бунине.

Я забыл обо всем. Такова сила бунинского таланта, бунинского слова, сила его беспощадно-прекрасного и безукоризненного мастерства.

Он был суров потому, что полагал художественную правду превыше всего.

Как часто и глубоко мы ошибаемся в своих оценках писателей из-за неистребимой склонности приклеивать на каждого писателя ярлыки. Чехов почти всю жизнь прожил с ярлыком "пессимиста" и "певца сумерек", о Бунине всегда говорили как о "холодном мастере" и "бесстрастном парнасце".

Какими жалкими кажутся все эти наклейки, когда читаешь книги Бунина и постепенно открываешь за этим внешним бесстрастием огромное человеческое сердце, впитавшее в себя еще недавнее черное горе русской деревни, ее сирую в то время и жестокую долю.

Не дольше, как сегодня, я (не помню уже в который раз) перечитал рассказы Бунина "Худая трава" и "Илья-пророк".

Каждый из этих рассказов, говоря словами самого Бунина, полосонул меня ледяной бритвой по сердцу.

Мало найдется в нашей литературе таких щемящих рассказов, полных скрытой любви к простому человеку. И не только любви, но и полного понимания, полного проникновения в его мысли и сердце.

Человек должен быть человечен не только в своей радости, но и в страдании. Это хорошо знал Бунин. Он мог бы повторить крик английского писателя Оскара Уайльда, раздавшийся из королевской каторжной тюрьмы:

"Где страдание-там святая земля!"

Сегодня же-тоже наугад-я прочел стихи Бунина "Плачь ночью". По-моему, немногие стихи в мировой поэзии передают с такой томительной силой очистительную моральную силу страдания:

Плакала ночью вдова.

Нежно любила ребенка, но умер ребенок.

Плакал и старец сосед, прижимая к глазам рукава.

Звезды светили, и плакал в закуте козленок.

Плакала мать по ночам.

Плачущий ночью к слезам побуждает другого.

Звезды слезами текут с небосклона ночного,

Плачет господь, рукава прижимая к очам.

Бунин дошел, особенно в своей автобиографической книге "Жизнь Арсеньева", до того предела в области прозы, о котором говорили Чехов и Лев Толстой – до предела, когда проза сливается в одно органическое неразделимое целое с поэзией, когда нельзя уже отличить поэзию от прозы и каждое слово ложится на душу, как раскаленная печать.

Достаточно прочесть несколько строк Бунина о своей матери, о навсегда затерянной ее могиле, строк, написанных человеком, чьи дни на земле были уже по существу сочтены, чтобы понять силу любви, нашедшей единственно возможное и единственно нужное выражение.

Что-то почти библейское по скупости и мощи слов заключено в этих строках.

Бунина большинство знает главным образом как прозаика.

Но как поэт он стоит на уровне своей прозы. У него много превосходных стихов.

Стихи эти, равно как и проза Бунина, говорят о необыкновенной его способности перевоплощаться, если можно так выразиться, во все то, о чем он пишет.

Почти мгновенно он схватывает и закрепляет в слове те черты людей и пейзажа, которые с особой точностью передают сущность того, о чем Бунин пишет.

Да, Бунин суров, почти безжалостен. Но вместе с тем он пишет о любви с огромной силой. Для него любовь гораздо шире и богаче, чем обычное представление о ней.

Для него любовь – это приобщение ко всей красоте и ко всем сложностям мира. Для него – это ночи, дни, небо, беспредельный шум океана, книги и размышления – одним словом, это все, что существует вокруг.

Пейзаж Бунина так точен, богат, так географически разнообразен и вместе с тем так полон лирической силы, что говорить о нем вскользь нет возможности. Эта тема требует особого разговора.

Бунин великолепно, с полным совершенством владел русским языком. Он его знал так, как может знать лишь человек, бесконечно любящий свою страну.

Язык Бунина прост, даже временами скуп, очень точен, но вместе с тем живописен и богат в звуковом отношении,-от звенящей медью торжественное и до прозрачности льющейся родниковой воды, от размеренной чеканности до интонаций удивительной мягкости, от легкого напева до медленных раскатов грома

В области языка Бунин мастер почти непревзойденный.

Как каждый большой писатель, Бунин много думал о счастье. Ждал его, искал и когда находил, то щедро делился им с людьми.

В этом смысле очень характерны две его строфы, которыми я и закончу свои слова о Бунине:

О счастье мы всегда лишь вспоминаем А счастье всюду Может быть, оно – Вот этот сад осенний за сараем И чистый воздух, льющийся в окно

В бездонном небе легким белым краем Встает, сияет облако Давно Слежу за ним Мы мало видим, знаем, А счастье только знающим дано.

Кишата

1

Осенью 1902 года я должен был поступить в приготовительный класс Первой киевской гимназии. В ней учился мой средний брат, Вадим. После его рассказов я начал бояться гимназии, иногда даже плакал и просил маму оставить меня дома.

– Неужели ты хочешь быть экстерном? – испуганно спрашивала мама.

Экстернами назывались те мальчики, что учились дома и только каждый год сдавали экзамены при гимназии.

Со слов братьев я хорошо представлял себе кошмарную судьбу этих экстернов. Их нарочно проваливали на экзаменах, всячески издевались над ними, требовали от них гораздо больше знаний, чем от обыкновенных гимназистов. Ниоткуда экстернам не было помощи. Им даже не подсказывали.

Я представлял себе этих истощённых от зубрёжки, заплаканных мальчиков с красными от волнения, оттопыренными ушами. Зрелище было жалкое. Я сдавался и говорил:

– Ну хорошо, я не буду экстерном…

Я не завидовал, как другие мальчики, тому, что киевские кадеты носили белые погоны с жёлтыми вензелями и становились во фронт перед генералами. Не завидовал я и гимназистам, хотя их шинели из серого офицерского сукна, с серебряными пуговицами считались очень красивыми. С детства я был равнодушен ко всякой форменной одежде, кроме морской.

Когда осенью 1902 года я впервые надел длинные брюки и гимназическую курточку, мне было неловко, неудобно и я на время перестал чувствовать себя самим собой. Я стал для себя чужим мальчиком с тяжёлой фуражкой на голове. Я невзлюбил эти твёрдые синие фуражки с огромным гербом, потому что у всех моих товарищей – учеников

41

приготовительного класса – всегда торчали из-под фуражек оттопыренные уши. Когда они снимали фуражку, уши у них делались обыкновенными. Но стоило им надеть фуражку, как уши тотчас оттопыривались. Будто нарочно для того, чтобы инспектор Бодянский, взяв приготовишку за ухо, мог сказать страшным своим голосом:

– Опять опоздал, мизерабль! Становись в угол и думай о своей горькой судьбе!

Поэтому, как только мама купила мне фуражку, я, подражая старшим братьям, вытащил из неё маленький железный обруч и вырвал атласную подкладку. Такова была традиция – чем больше потрёпана фуражка, тем выше гимназическая доблесть. «Только зубрилы и подлизы ходят в новых фуражках», – говорили братья.

На фуражке полагалось сидеть, носить её в кармане и сбивать ею созревшие каштаны. После этого она приобретала тот боевой вид, который был гордостью настоящего гимназиста.

Мне купили ещё ранец с шелковистой спинкой из оленьей шкурки, пенал, тетради в клетку, тонкие учебники для приготовительного класса, и мама повела меня в гимназию.

Бабушка Викентия Ивановна в это время гостила у нас в Киеве. Она перекрестила меня и повесила мне на шею крестик на холодной цепочке. Трясущимися руками она расстегнула ворот моей чёрной курточки, засунула крестик мне под рубаху, отвернулась и прижала платок к глазам.

– Ну, иди! – сказала она глухим голосом и слегка оттолкнула меня. – Будь умным. Трудись!

Я ушёл с мамой. Всё время я оглядывался на наш дом, будто меня уводили из него навсегда…

2

…Мы вошли с мамой в здание гимназии. Широкая чугунная лестница, стёртая каблуками до свинцового блеска, вела вверх, где был слышен грозный гул, похожий на жужжание пчелиного роя.

– Не пугайся, – сказала мне мама. – Это большая перемена.

Мы поднялись по лестнице. Впервые мама не держала меня за руку. Сверху быстро спускались два старшеклассника. Они уступили нам дорогу. Один из них сказал мне в спину:

– Привели ещё одного несчастного кишонка!

Так я вступил в беспокойное и беспомощное общество приготовишек или, как их презрительно звали старые гимназисты, в общество кишат. Кишатами нас прозвали за то, что мы, маленькие и юркие, кишели и путались на переменах у взрослых под ногами…

Я сел за низенькую парту, изрезанную перочинным ножом. Мне было трудно дышать. Кисло пахло чернилами. Назаренко диктовал: «Однажды Лебедь, Рак да Щука…» За открытым окном на ветке сидел воробей и держал в клюве сухой лист клёна. Мне хотелось поменяться судьбой с воробьём. Воробей посмотрел через окно в класс, жалобно пискнул и уронил лист клёна.

– Новичок, – прогремел Назаренко, – достань тетрадь, пиши и не засматривайся по сторонам, если не хочешь остаться без обеда!

Я достал тетрадку и начал писать. Слеза капнула на промокашку. Тогда мой сосед, чёрный мальчик с весёлыми глазами, Эмма Шмуклер, шепнул:

– Проглоти слюну, тогда пройдёт.

Я проглотил слюну, но ничего не прошло. Я долго ещё не мог вздохнуть всей грудью.

Так начался первый гимназический год.

3

Против приготовительного класса был физический кабинет. В него вела узкая дверь. Мы часто заглядывали на переменах в этот кабинет. Там скамьи подымались амфитеатром к потолку.

В физический кабинет водили на уроки старшеклассников. Мы, конечно, бились в коридоре у них под ногами, и это им, должно быть, надоело. Однажды один из старшеклассников, высокий бледный гимназист, протяжно свистнул. Старшеклассники тотчас начали хватать нас, кишат, и затаскивать в физический кабинет. Они рассаживались на скамьях и держали нас, зажав коленями.

Вначале нам это понравилось. Мы с любопытством рассматривали таинственные приборы на полках – чёрные диски, колбы и медные шары. Потом в коридоре затрещал первый звонок. Мы начали вырываться. Старшеклассники нас не пускали. Они крепко держали нас, а самым буйным давали так называемые «груши». Для этого надо было винтообразно и сильно ковырнуть большим пальцем по темени. Это было очень больно.

Зловеще затрещал второй звонок. Мы начали рваться изо всех сил, просить и плакать. Но старшеклассники были неумолимы. Бледный гимназист стал около двери.

– Смотри, – кричали ему старшеклассники, – рассчитай точно!

Мы ничего не понимали. Мы выли от ужаса. Сейчас будет третий звонок. Назаренко ворвётся в пустой приготовительный класс. Гнев его будет страшен. Реки наших слёз не смогут смягчить этот гнев.

Затрещал третий звонок. Мы ревели на разные голоса. Бледный гимназист поднял руку. Это значило, что в конце коридора появился физик. Он шёл неторопливо, с опаской прислушиваясь к воплям из физического кабинета.

Физик был очень толстый. Он протискивался в узкую дверь боком. На этом и был построен расчёт старшеклассников. Когда физик заклинился в дверях, бледный гимназист махнул рукой. Нас отпустили, и мы, обезумевшие, помчались, ничего не видя, не понимая и оглашая рыданиями физический кабинет, к себе в класс. Мы с размаху налетели на испуганного физика. На мгновение у двери закипел водоворот из стриженых детских голов. Потом мы вытолкнули физика, как пробку, из дверей в коридор, прорвались у него между ногами и помчались к себе. К счастью, Назаренко задержался в учительской комнате и ничего не заметил.

Старшеклассникам удалось всего раз проделать над нами эту предательскую штуку. Потом мы всегда были настороже. Когда старшеклассники появлялись в коридоре, мы тотчас прятались к себе в класс, закрывали двери и загораживали их партами.

Кот-ворюга

Мы пришли в отчаяние. Мы не знали, как поймать этого рыжего кота. Он обворовывал нас каждую ночь. Он так ловко прятался, что никто из нас его толком не видел. Только через неделю удалось, наконец, установить, что у кота разорвано ухо и отрублен кусок грязного хвоста. Это был кот, потерявший всякую совесть, кот- бродяга и бандит. Звали его за глаза Ворюгой.

Он воровал все: рыбу, мясо, сметану и хлеб. Однажды он даже разрыл в чулане жестяную банку с червями. Их он не съел, но на разрытую банку сбежались куры и склевали весь наш запас червей. Объевшиеся куры лежали на солнце и стонали. Мы ходили около них и ругались, но рыбная ловля все равно была сорвана.

Почти месяц мы потратили на то, чтобы выследить рыжего кота. Деревенские мальчишки помогали нам в этом. Однажды они примчались и, запыхавшись, рассказали, что на рассвете кот пронесся, приседая, через огороды и протащил в зубах кукан с окунями. Мы бросились в погреб и обнаружили пропажу кукана; на нем было десять жирных окуней, пойманных на Прорве. Это было уже не воровство, а грабеж средь бела дня. Мы поклялись поймать кота и вздуть его за бандитские проделки.

Кот попался этим же вечером. Он украл со стола кусок ливерной колбасы и полез с ним на березу. Мы начали трясти березу. Кот уронил колбасу, она упала на голову Рувиму. Кот смотрел на нас сверху дикими глазами и грозно выл. Но спасения не было, и кот решился на отчаянный поступок. С ужасающим воем он сорвался с березы, упал на землю, подскочил, как футбольный мяч, и умчался под дом.

Дом был маленький. Он стоял в глухом, заброшенном саду. Каждую ночь нас будил стук диких яблок, падавших с веток на его тесовую крышу. Дом был завален удочками, дробью, яблоками и сухими листьями. Мы в нем только ночевали. Все дни, от рассвета до темноты, мы проводили на берегах бесчисленных протоков и озер. Там мы ловили рыбу и разводили костры в прибрежных зарослях. Чтобы пройти к берегу озер, приходилось вытаптывать узкие тропинки в душистых высоких травах. Их венчики качались над головами и осыпали плечи желтой цветочной пылью. Возвращались мы вечером, исцарапанные шиповником, усталые, сожженные солнцем, со связками серебристой рыбы, и каждый раз нас встречали рассказами о новых босяцких выходках рыжего кота. Но, наконец, кот попался. Он залез под дом в единственный узкий лаз. Выхода оттуда не было.

Мы заложили лаз старой рыболовной сетью и начали ждать. Но кот не выходил. Он противно выл, как подземный дух, выл непрерывно и без всякого утомления. Прошел час, два, три… Пора было ложиться спать, но кот выл и ругался под домом, и это действовало нам на нервы.

Тогда был вызван Ленька, сын деревенского сапожника. Ленька славился бесстрашием и ловкостью. Ему поручили вытащить из-под дома кота. Ленька взял шелковую леску, привязал к ней за хвост пойманную днем плотицу и закинул ее через лаз в подполье. Вой прекратился. Мы услышали хруст и хищное щелканье – кот вцепился зубами в рыбью голову. Он вцепился мертвой хваткой. Ленька потащил за леску, Кот отчаянно упирался, но Ленька был сильнее, и, кроме того, кот не хотел выпускать вкусную рыбу. Через минуту голова кота с зажатой в зубах плотицей показалась в отверстии лаза. Ленька схватил кота за шиворот и поднял над землей. Мы впервые его рассмотрели как следует.

Кот зажмурил глаза и прижал уши. Хвост он на всякий случай подобрал под себя. Это оказался тощий, несмотря на постоянное воровство, огненно-рыжий кот-беспризорник с белыми подпалинами на животе.

Рассмотрев кота, Рувим задумчиво спросил:

— Что же нам с ним делать?

— Выдрать! – сказал я.

— Не поможет, – сказал Ленька. – У него с детства характер такой. Попробуйте его накормить как следует.

Кот ждал, зажмурив глаза. Мы последовали этому совету,

втащили кота в чулан и дали ему замечательный ужин: жареную свинину, заливное из окуней, творожники и сметану. Кот ел больше часа. Он вышел из чулана пошатываясь, сел на пороге и мылся, поглядывая на нас и на низкие звезды зелеными нахальными глазами. После умывания он долго фыркал и терся головой о пол. Это, очевидно, должно было обозначать веселье. Мы боялись, что он протрет себе шерсть на затылке. Потом кот перевернулся на спину, поймал свой хвост, пожевал его, выплюнул, растянулся у печки и мирно захрапел.

С этого дня он у нас прижился и перестал воровать. На следующее утро он даже совершил благородный и неожиданный поступок. Куры влезли на стол в саду и, толкая друг друга и переругиваясь, начали склевывать из тарелок гречневую кашу. Кот, дрожа от негодования, прокрался к курам и с коротким победным криком прыгнул на стол. Куры взлетели с отчаянным воплем. Они перевернули кувшин с молоком и бросились, теряя перья, удирать из сада.

Впереди мчался, икая, голенастый петух-дурак, прозванный "Горлачом". Кот несся за ним на трех лапах, а четвертой, передней лапой бил петуха по спине. От петуха летели пыль и пух. Внутри его от каждого удара что-то бухало и гудело, будто кот бил по резиновому мячу. После этого петух несколько минут лежал в припадке, закатив глаза, и тихо стонал. Его облили холодной водой, и он отошел. С тех пор куры опасались воровать. Увидев кота, они с писком и толкотней прятались под домом.

Кот ходил по дому и саду, как хозяин и сторож. Он терся головой о наши ноги. Он требовал благодарности, оставляя на наших брюках клочья рыжей шерсти. Мы переименовали его из Ворюги в Милиционера. Хотя Рувим и утверждал, что это не совсем удобно, но мы были уверены, что милиционеры не будут на нас за это в обиде.

Кружевница Настя

Ночью в горах Ала-Тау глухо гремела гроза. Испуганный громом, большой зеленый кузнечик прыгнул в окно госпиталя и сел на кружевную занавеску. Раненый лейтенант Руднев поднялся на койке и долго смотрел на кузнечика и на занавеску. На ней вспыхивал от синих пронзительных молний сложный узор – пышные розаны и маленькие хохлатые петухи.

Наступило утро. Грозовое желтое небо все еще дымилось за окном. Две радуги-подруги опрокинулись над вершинами. Мокрые цветы диких пионов горели на подоконнике, как раскаленные угли. Было душно. Пар подымался над сырыми скалами. В пропасти рычал и перекатывал камни ручей.

— Вот она, Азия!-вздохнул Руднев. - А кружево-то на занавеске наше, северное. И плела его какая-нибудь красавица Настя.

-Почему вы так думаете? Руднев улыбнулся.

— Мне вспомнилась,-сказал он,-история, слу< чившаяся на моей батарее под Ленинградом. Он рассказал мне эту историю. Летом 1940 года ленинградский художник: Балашов уехал охотиться и работать на пустынный наш Север В первой же понравившейся ему деревушке Балашов сошел со старого речного парохода и поселился в доме сельского учителя. В этой деревушке жила со своим отцом – лесным сторожем – девушка Настя, знаменитая в тех местах кружевница и красавица. Настя была молчалива и сероглаза, как все девушки северянки. Однажды на охоте отец Насти неосторожным выстрелом ранил Балашова в грудь. Раненого принесли в дом сельского учителя. Удрученный несчастьем, старик послал Настю ухаживать за раненым. Настя выходила Балашова, и из жалости к раненому родилась первая ее девичья любовь. Но проявления этой любви были так застенчивы, что Балашов ничего не заметил. У Балашова в Ленинграде была жена, но он ни разу никому не рассказывал о ней, даже Насте. Все в деревне были убеждены, что Балашов человек одинокий. Как только рана зажила, Балашов уехал в Ленинград. Перед отъездом он пришел без зова в избу к Насте поблагодарить ее за заботу и принес ей подарки. Настя приняла их. Балашов впервые попал на Север. Он не знал местных обычаев. Они на Севере очень устойчивы, держатся долго и не сразу сдаются под натиском нового времени. Балашов не знал, что мужчина, который пришел без зова в избу к девушке и принес ей подарок, считается, если подарок принят, ее женихом. Так на Севере говорят о любви. Настя робко спросила Балашова, когда же он вернется из Ленинграда к ней в деревню. Балашов, ничего не подозревая, шутливо ответил, что вернется очень скоро. Балашов уехал. Настя ждала его. Прошло светлое лето, прошла сырая и горькая осень, но Балашов не возвращался. Нетерпеливое радостное ожидание сменилось у Насти тревогой, отчаянием, стыдом. По деревне уже шептались, что жених ее обманул. Но Настя не верила этому. Она была убеждена, что с Балашовым случилось несчастье. Весна принесла новые муки. Пришла она поздно, тянулась очень долго. Реки широко разлились и все никак не хотели входить в берега. Только в начале июня прошел мимо деревушки, не останавливаясь, первый пароход. Настя решила тайком от отца бежать в Ленинград и разыскать там Балашова. Она ушла ночью из деревушки. Через два дня она дошла до железной дороги и узнала на станции, что утром этого дня началась война. Через огромную грозную страну никогда не видавшая поезда крестьянская девушка добралась до Ленинграда и разыскала квартиру Балашова. Насте отворила дверь жена Балашова, худая женщина в пижаме, с папироской в зубах. Она с недоумением осмотрела Настю и сказала, что Балашова нет дома. Он на фронте под Ленинградом. Настя узнала правду Балашов был женат. Значит, он обманул ее, насмеялся над ее любовью. Насте было страшно говорить с женой Балашова. Ей было страшно в городской квартире, среди шелковых пыльных диванов, рассыпанной пудры, настойчивых телефонных звонков. Настя убежала. Она шла в отчаянии по величественному городу, превращенному в вооруженный лагерь. Она не замечала ни зенитных пушек на площадях, ни памятников, заваленных мешками с землей, ни вековых прохладных садов, ни торжественных зданий. Она вышла к Неве. Река несла черную воду в уровень с гранитными берегами. Вот здесь, в этой воде, должно быть, единственное избавление и от невыносимой обиды, и от любви. Настя сняла с головы старенький платок, подарок матери, и повесила его на перила. Потом она поправила тяжелые косы и поставила ногу на завиток перил. Ее кто-то схватил за руку. Настя обернулась. Худой человек с полотерными щетками под мышкой стоял сзади. Его рабочий костюм был забрызган желтой краской. Полотер только покачал головой и сказал. - В такое время что задумала, дура! Человек этот – полотер Трофимов – увел Настю к себе и сдал на руки своей жене-лифтерше, женщине шумной, решительной, презиравшей мужчин. Трофимовы приютили Настю. Она долго болела, лежала у них в каморке. От лифтерши Настя впервые услышала, что Балашов ни в чем не виноват, что никто не обязан знать их северные обычаи и что только такие "тетехи", как она, Настя, могут без памяти полюбить первого встречного. Лифтерша ругала Настю, а Настя радовалась. Радовалась, что она не обманута, и все еще надеялась увидеть Балашова. Полотера вскоре взяли в армию, и лифтерша с Настей остались одни. Когда Настя выздоровела, лифтерша устроила ее на курсы медицинских сестер. Врачи-учителя Насти – были поражены ее способностью делать перевязки, ловкостью ее тонких и сильных пальцев. "Да ведь я кружевница", – отвечала она им, как бы оправдываясь. Прошла осадная ленинградская зима с ее железными ночами, канонадой. Настя окончила курсы, ждала отправки на фронт и по ночам думала о Балашове, о старом отце, – он до конца жизни, должно быть, так и не поймет, зачем она ушла тайком из дому. Бранить ее не будет, все простит, но понять – не поймет. Весной Настю, наконец, отправили на фронт под Ленинград. Всюду – в разбитых дворцовых парках, среди развалин, пожарищ, в блиндажах, на батареях, в перелесках и на полях она искала Балашова, спрашивала о нем. На фронте Настя встретила полотера, и болтливый этот человек рассказал бойцам из своей части о девушке северянке, ищущей на фронте любимого человека. Слух об этой девушке начал быстро расти, шириться, как легенда. Он переходил из части в часть, с одной батареи на другую. Его разносили мотоциклисты, водители машин, санитары, связисты. Бойцы завидовали неизвестному человеку, которого ищет девушка, и вспоминали своих, любимых. У каждого были они в мирной жизни, и каждый берег в душе память о них. Рассказывая друг другу о девушке северянке, бойцы меняли подробности этой истории в зависимости от силы воображения. Каждый клялся, что Настя – девушка из его родных мест. Украинцы считали ее своей, сибиряки тоже своей, рязанцы уверяли, что Настя, конечно, рязанская, и даже казахи из далеких азиатских степей говорили, что эта девушка пришла на фронт, должно быть, из Казахстана. Слух о Насте дошел и до береговой батареи, где служил Балашов. Художник, так же как и бойцы, был взволнован историей неизвестной девушки, ищущей любимого, был поражен силой ее любви. Он часто думал об этой девушке и начал завидовать тому человеку, которого она любит. Откуда он мог знать, что завидует самому себе? Личная жизнь не удалась Балашову. Из женитьбы ничего путного не вышло. А вот другим везет! Всю жизнь он мечтал о большой любви, но теперь уже было поздно думать об этом. На висках седина… Случилось так, что Настя нашла, наконец, батарею, где служил Балашов, но не нашла Балашова – он был убит за два дня до того и похоронен в сосновом лесу на берегу залива. Руднев замолчал. - Что же было потом? - Потом? – переспросил Руднев. – А потом было то, что бойцы дрались, как одержимые, и мы снесли к черту линию немецкой обороны. Мы подняли ее на воздух и обрушили на землю в виде пыли и грязи. Я редко видел людей в таком священном, неистовом гневе. - А Настя? - Что Настя! Она отдает всю свою заботу раненым. Лучшая сестра на нашем участке фронта.

Михаил Лоскутов

В тридцатых годах наши писатели вновь открывали давно, но плохо открытую Среднюю Азию. Открывали ее вновь потому, что приход советской власти в кишлаки, оазисы и пустыни представлял собой увлекательное явление.

Спекшийся от столетий -быт стран Средней Азии дал глубокие трещины. На руинах мечетей появляются по весне робкие розовые цветы. Они маленькие, но цепкие и живучие. Новая жизнь так же цепко, как эти цветы, расцветала в выжженных тысячелетних странах и приобретала невиданные формы.

Писать об этом было трудно, но интересно. Самые легкие на подъем и закаленные писатели двинулись в сыпучие пески Кара-Кумов, на Памир, к пышным оазисам Ферганы и синим от изразцов твердыням Самарканда. Среди этих писателей были Николай Тихонов, Владимир Луговской, Козин, Николай Никитин, Михаил Лоскутов и многие другие. И я отдал дань Средней Азии и написал тогда "Кара-Бугаз".

В это время я познакомился с Лоскутовым.

В тридцатых годах мы особенно много ездили по стране, зимой же, возвратившись в Москву, жили очень дружным и веселым содружеством. Чуть не каждый день мы собирались у писателя Фраермана. Как я жалею сейчас, что не записывал тогда, хотя бы коротко, множество рассказов, услышанных на этих собраниях, множество интересных споров, схваток и смелых литературных планов. Каждый из нас считал своей святой обязанностью читать всем остальным все свои новью вещи.

Очевидно по примеру пушкинского "Арзамаса", Аркадий Гайдар прозвал эти встречи у Фраермана "Конотопами".

Раз в месяц устраивался "Большой Конотоп". На него собиралось человек двадцать писателей. Каждую неделю бывал "Средний Конотоп" и, наконец, каждый вечер "Малый Конотоп". Его состав был почти неизменным. На нем бывали, кроме хозяина дома Фраермана, Аркадий Гайдар, Александр

Роскин, Миша Лос-кутов, Семен Гехт, я, редактор журнала "Наши достижения" Василий Бобрышев, Иван Халтурин, редактор журнала "Пионер" Боб Ивантер.

На "Конотопе" я услышал множество песенок и стихов, сочиненных Гайдаром. Он их никогда не записывал. Теперь почти все эти шутливые стихи забыты. Я помню одно, где Гайдар в очень трогательных тонак предавался размышлениям о своей будущей смерти:

Конотопские женщины свяжут На могилу душистый венок Конотопскре девушки скажут. "Отчего это вмер паренек"

Стихи кончались жалобным криком:

Ах, давайте машину скорее! Ах, везите меня в "Конотоп"!

Миша Лоскутов появился в этом шумном собрании писателей тихо и молчаливо. Это был очень спокойный, застенчивый, но чуть насмешливый человек.

Он обладал талантом немногословного юмора. Но прежде всего и больше всего он был талантливым, "чертовски талантливым" писателем.

У него было свойство видеть в обыденных вещах те черты, что всегда ускользают от поверхностного или усталого взгляда. Его писательское зрение отличалось необыкновенной зоркостью. Он умел показать в одной фразе внутреннее содержание человека и всю сложность и своеобразие его отношения к жизни.

Мысли его всегда были своими, нигде не взятыми напрокат, необычайно ясными и свежими. Они возникали из "подробностей быстротекущей жизни", они всегда были основаны на конкретности, на своем виде-РИИ мира. Но вместе с тем они были полны ощущения поэтической сущности жизни даже в тех ее проявлениях, где, казалось, не было месга никакой поэзии.

Жизнь Лоску това была как бы сплошной экспедицией в самые разнообразные области жизни, но больше всего он любил Среднюю Азию. По натуре это был путешественник и тонкий наблюдатель. Если бы существовал на земле еще не открытый и .ие описан-ыч континент, то Лоскутов первым бы ушел в его опасные и заманчивые дебри. Но ушел бы не с наивной восторженностью и порывом, а спокойно, с выдержкой и опытом подлинного путешественника, – такого, как Пржевальский, Ливингстон или Обручев.

Он умел в самом будничном открывать черты необыкновенного, и это свойство делало его подлинным художником. Для него не было в жизни скучных вещей.

Прочтите в его книге эпизод с грузовой машиной. Она стоит на обочине дороги, мотор у нее работает вхолостую, и кажется, что машина трясется от злости.

Шофер сидит рядом на траве и подозрительно следит за машиной. Проезжие, думая, что у него неполадки с мотором, останавливаются и предлагают помочь. Но шофер мрачно отказывается и говорит:

— Ничего. Она постоит, постоит и пойдет. Это она характер показывает.

Эта простая на первый взгляд и скупо написанная сцена полна большого содержания.

Прежде всего в ней ясно виден неудачник-шофер, мучающийся с этой машиной, как с упрямым и вздорным существом, шофер-труженик, безропотно покрывающий тысячи километров среднеазиатских пространств.

Кроме того, в этом эпизоде заключена мысль об отношении человека к машине именно как к живому существ), заслуживающему то любви, то гнева, то со-халения и требующееуу чисто отцовской заботы Так относятся к машине настоящие рабочие.

Описать тобую машину можно, лишь полюбив ее, как своего верного помощника,-страдая и радуясь вместе с ней

Много таких точных наблюдений разбросано в кни гах Лоскутова, в частности в его "Тринадцатом кара ване", – наблюдений, вызывающих гораздо более глу бокие мысли, чем это может показаться на первый взгляд, – наблюдений образных, острых, обогащаю щих нас внутренним миром писателя

Достаточно вспомнить описанный Лоскутовым эпизод, как переполошились кочевники, когда по кара-кум ским пескам прошла первая грузовая машина и оста вила два парачлельных узорчатых следа от ко тес На бредшие на эти следы пастухи тотчас же разнесли по пустыне тревожный стух, что ночью по пескам про ползли рядом две испотанские змеи,-пастухи ни разу еще не видели машины Они привыкли точько к следам животных и людей

В книгах Лоскутова много разнообразного позна нательного материала Из них мы впервые узнаем о многом, хотя бы о том, как ведут себя во время па лящего зноя в пустыне самые обыкновенные вещи, – вроде зубной пасты или легких летних туфечь

Лоскутов не успел написать и сотой части того, что Ц] задумал и мог бы написать Он погиб преждевременно в1 и трагически

Его книги говорят не только о том, что мы потеряли ботьшого писателя, не только о том, как богата талантами наша страна, но и о том, как надо крепко беречь каждого талантливого человека.

Моя Россия

С этого лета я навсегда и всем сердцем привязался к Средней России. Я не знаю страны, обладающей такой огромной лирической силой и такой трогательно живописной — со всей своей грустью, спокойствием и простором, — как средняя полоса России. Величину этой любви трудно измерить. Каждый знает это по себе. Любишь каждую травинку, поникшую от росы или согретую солнцем, каждую кружку воды из летнего колодца, каждое деревце над озером, трепещущее в безветрии листьями, каждый крик петуха, каждое облако, плывущее по бледному и высокому небу. И если мне иногда хочется жить до ста двадцати лет, как предсказывал дед Нечипор, то только потому, что мало одной жизни, чтобы испытать до конца все очарование и всю исцеляющую силу нашей среднеуральской природы.

Пачка папирос

Лето стояло дождливое. В городском саду над рекой крапива разрослась выше скамеек и закрыла могильную каменную плиту. На плите была выбита надпись: "Сибиряки – писателю Сибири".

Раненые из соседнего госпиталя часто приходили в сад, сидели на могильной плите, покуривали, смотрели на реку, удивлялись. Глубокая и величавая, она огибала глинистую гору с заглохшим садом и уходила в такие далекие дали, что от одного взгляда на них становилось спокойно на сердце.

Иногда в саду появлялся босой мальчишка с ведром и клеил на забор афиши. Бойцы читали и огорчались: внизу, в городе, шли новые картины в кино, а старший врач редко отпускал бойцов в город, все посмеивался, говорил, что от скуки лучше заживают раны.

Но когда появилась афиша об открытии зверинца, вывезенного из южного прифронтового города, бойцы взволновались всерьез. Даже решили послать к старшему врачу ходатаев с просьбой отпустить выздоравливающих в зверинец и выбрали для этого двух приятелей-стрелка Федоткина, родом из Сапожка (есть и такой город в России) и Наума Бершадского из Тирасполя. Но Бершадский наотрез отказался идти к врачу и объяснил бойцам, что на это есть у него веская причина.

Причина действительно была, и заключалась она в подписи под афишей: "Директор зверинца Розалия Бершадская". Наум прочел эту подпись и сразу заскучал, потерял присутствие духа.

Дело в том, что Розалия Бершадская была не кем иным, как матерью Наума. С детства она называла Наума не иначе, как "босяком". У старухи были на это, конечно, свои основания: Наум учился кое-как, предпочитал гонять голубей, играть по задворкам в "три листика", делать набеги на баштаны на берегу Днестра и воровать там дыни у беззубых сторожей. Но по натуре Наум не был плохим человеком. Он это знал, и не его вина, что у него получился легкомысленный подход к жизни.

Больше всего Розалия Бершадская негодовала на сына за его уменье жить "по блату".

Понятно поэтому, что Наум заскучал. Он боялся неожиданной встречи с матерью, хотя вместе с тем втайне и желал ее. Как-никак, а он любил эту беспокойную старуху. С ней было связано воспоминание о детстве с его нестерпимым солнцем, гудящими базарами, запахом абрикосов.

Как-то вечером Наум рассказал о своем детстве Федоткину, но тот отнесся к этому рассказу с обидным равнодушием. Науму было досадно, что Федоткин, курносый, веснушчатый парень, ничего не понимает в таких делах, как воспоминания о детстве.

Звери долго не могли успокоиться после пережитых бомбежек. Стоило где-нибудь в городе зафыркать грузовику, как они начинали поглядывать на небо, волноваться и от волнения переставали есть. Тогда старый сторож Давид приходил к Розалии Борисовне, швырял в сердцах на стол через окошко кассы кусок сырого мяса и начинал шумно браниться.

— Примите мясо и сократите свои нервы, эвакуант! – отвечала, сдерживаясь, Розалия Борисовна.

Такие ссоры случались каждый день, пока, наконец, в зверинце не появились раненые бойцы из госпиталя.

Розалия Борисовна заулыбалась и, не доверяя Давиду, сама давала объяснения о нравах зверей.

Бойцы осмотрели зверинец и ушли, но один из них задержался, сел около кассы, закурил.

— Нога тоскует, – сказал он. – Малость передохну и поковыляю обратно.

— Пожалуйста,-ответила Розалия Борисовна.- Хотите чаю?
Боец от чая не отказался.

— Знавал я на фронте одного человека, – сказал боец, – по фамилии Бершадский.

— Ох, товарищ, – сказала Розалия Борисовна тонким голосом. – У меня сын на фронте. Я ищу его, как нитку в сене, уже четыре года. А как его звали?

— Звали его Наумом, — пробормотал боец и с опаской посмотрел на Розалию Борисовну.

— Так это же он!-воскликнула Розалия Борисовна и засмеялась. – Мой босяк! Вы из одной с ним части?

— Нет, — сказал боец. – Я его издали знал. Он работал продавцом в ларьке Военторга.

Розалия Борисовна встала, покраснела от гнева, подняла руки к небу и потрясла ими:

— Я так и знала. Трус! Блатмейстер! Другие люди бьются с немцами, а он торгует в тыловом ларьке. Нашел себе место! Позор на мою седую голову! Я ему покажу, что должен делать на фронте мой сын. Он у меня поплачет! Он у меня как миленький возьмет автомат и будет драться как надо. Тоже новости- торговать! Чем?

— Махоркой он снабжает бойцов,- испуганно пробормотал раненый.

— Чтобы он подавился той махоркой! – крикнула Розалия Борисовна.

Боец позабыл о чае и торопливо заковылял к госпиталю.

Федоткин ничего не сказал Науму о разговоре со старухой, но дня через два он снова появился в зверинце, подошел к кассе, где сидела Розалия Борисовна, просунул голову в окошко и быстро сказал: – А ваш сын, между прочим, хотя и торгует махоркой, а геройский человек и представлен к ордену Красного Знамени.

— Ну-ну! – сурово пробормотала Розалия Борисовна. – Не втирайте мне очки, молодой человек. Я его лучше знаю, чем вы.

— Воля ваша, – сказал Федоткин, – а врать мне нет интереса. Он мне не сват, не брат, а, можно сказать, сосед по лазаретной койке.

— Он здесь? – крикнула Розалия Борисовна и вскочила.

— Выписался, – торопливо ответил Федоткин, отводя глаза. – Вы слушайте, что я скажу. Немцы окружали наш дот, а приказ был держаться в том доте до прибытия подмоги – одним словом, до тех пор, пока начнет развиднять. И говорит командир дота по телефону: "Держимся и не уступим дот, но маловато патронов для пулемета и опять же если бы хоть раз

60

затянуться. Нет табаку ни крошки, что ты будешь делать! А? Без табаку сердце томится и в глазах пусто". И тут вызывается Наум Бершадский, случайный человек в нашей части, доставить на дот и патроны, и табак, и спички. "Дайте мне, – говорит лейтенанту, – одного парня для подмоги, потому что у человека не десять рук". Лейтенант согласился, и пополз Наум в дот. Как только его пронесло – никому не известно, но он, однако, дополз и табаку всем дал, а командиру особо – пачку дорогих папирос. И по случаю внезапной смерти командира дота взял на себя распоряжение, как человек тертый и ученый в школе, и продержался, пока не развидняло. А вы говорите – босяк! Обидно бойцу слышать такие слова.

Розалия Борисовна заплакала и долго не отпускала Федоткина.

— Вот видите, товарищ, – сказала она ему напоследок, – хорошее воспитание никогда даром не пропадает. Об одном я только жалею, что он уже выписался из лазарета и нет его в этом городе.

— Оно, конечно, жалко, раз вы его простили, – сказал боец. А когда возвращался в госпиталь, то ругал Наума и говорил в пространство:

— Ну и волынка же с этим Наумом, черт его подери!

На следующий день Наум пришел в зверинец. Розалия Борисовна поймала его и так стиснула, что он задохся и только и мог выговорить:

— Бросьте, мамаша! Что это, ей-богу, за обращение!

Так окончилась эта маленькая история в сибирском городе. Наум уехал на фронт, а раненые передавали рассказ о нем и о Розалии Борисовне из уст в уста и, сидя на могильной плите, говорили, что материнское слово всегда отлежится у человека в душе, вырастет, как зерно, даст колос.

Розалия Борисовна иногда приходила в старый сад – тут ведь часто бродил на костыле ее Наум, – слушала издали пенье бойцов и даже плакала. Уж очень широко и печально пели бойцы, как будто дарили этой родной стороне свои песни, как дарят уснувшей матери осторожный сыновний поцелуй.

Подарок

Каждый раз, когда приближалась осень, начинались разговоры о том, что многое в природе устроено не так, как нам бы хотелось. Зима у нас длинная, затяжная, лето гораздо короче зимы, а осень проходит мгновенно и оставляет впечатление промелькнувшей за окном золотой птицы.

Разговоры наши любил слушать внук лесника Ваня Малявин, мальчик лет пятнадцати. Он часто приходил к нам в деревню из дедовской сторожки с Урженского озера и приносил то кошелку белых грибов, то решето брусники, а то прибегал просто так – погостить у нас, послушать разговоры и почитать журнал «Вокруг света».

Толстые переплетенные тома этого журнала валялись в чулане вместе с веслами, фонарями и старым ульем. Улей был выкрашен белой клеевой краской. Она отваливалась от сухого дерева большими кусками, и Дерево под краской пахло старым воском.

Однажды Ваня принес маленькую, выкопанную с корнем березу. Корни он обложил сырым мхом и обернул рогожей.

– Это вам, – сказал он и покраснел. – Подарок. Посадите ее в деревянную кадку и поставьте в теплой комнате – она всю зиму будет зеленая.

– Зачем ты ее выкопал, чудак? – спросил Рувим.

– Вы же говорили, что вам жалко лета, – ответил Ваня. – Дед меня и надоумил. «Сбегай, говорит, на прошлогоднюю гарь, там березы-двухлетки растут, как трава, – проходу от них нет никакого. Выкопай и отнеси Руму Исаевичу (так дед называл Рувима.) Он о лете беспокоится, вот и будет ему на студеную зиму летняя память. Оно, конечно, весело поглядеть на зеленый лист, когда на дворе снег валит как из мешка».

– Я не только о лете, я еще больше об осени жалею, – сказал Рувим и потрогал тоненькие листья березы.

Мы принесли из сарая ящик, насыпали его доверху землей и пересадили в него маленькую березу. Ящик поставили в

62

самой светлой и теплой комнате у окна, и через день опустившиеся ветки березы поднялись, вся она повеселела, и даже листья у нее уже шумели, когда сквозной ветер врывался в комнату и в сердцах хлопал дверью.

В саду поселилась осень, но листья нашей березы оставались зелеными л живыми. Горели темным пурпуром клены, порозовел бересклет, ссыхался дикий виноград на беседке. Даже кое-где на березах в саду появились желтые пряди, как первая седина у еще нестарого человека. Но береза в комнате, казалось, все молодела. Мы не замечали у нее никаких признаков увядания.

Как-то ночью пришел первый заморозок. Он надышал холодом на стекла в доме, и они запотели, посыпал зернистым инеем крыши, захрустел под ногами. Одни только звезды как будто обрадовались первому морозу и сверкали гораздо ярче, чем в теплые летние ночи. В эту ночь я проснулся от протяжного и приятного звука – пастуший рожок пел в темноте. За окнами едва заметно голубела заря.

Я оделся и вышел в сад. Резкий воздух обмыл лицо холодной водой – сон сразу прошел. Разгорался рассвет. Синева на востоке сменилась багровой мглой, похожей на дым пожара. Мгла эта светлела, делалась прозрачнее, сквозь нее уже были видны далекие и нежные страны золотых и розовых облаков.

Ветра не было, но в саду все падали и падали листья.

Березы за одну эту ночь пожелтели до самых верхушек, и листья осыпались с них частым и печальным дождем.

Я вернулся в комнаты: в них было тепло, сонно. В бледном свете зари стояла в кадке маленькая береза, и я вдруг заметил – почти вся она за эту ночь пожелтела, и несколько лимонных листьев уже лежало на полу.

Комнатная теплота не спасла березу. Через день она облетела вся, как будто не хотела отставать от своих взрослых подруг, осыпавшихся в холодных лесах, рощах, на сырых по осени просторных полянах.

Ваня Малявин, Рувим и все мы были огорчены. Мы уже свыклись с мыслью, что в зимние снежные дни береза будет зеленеть в комнатах, освещенных белым солнцем и багровым пламенем веселых печей. Последняя память о лете исчезла.

Знакомый лесничий усмехнулся, когда мы рассказали ему о своей попытке спасти зеленую листву на березе.

– Это закон, – сказал он. – Закон природы. Если бы деревья не сбрасывали на зиму листья, они бы погибали от многих вещей – от тяжести снега, который нарастал бы на листьях и ломал самые толстые ветки, и от того, что к осени в листве накапливалось бы много вредных для дерева солей, и, наконец, от того, что листья продолжали бы и среди зимы испарять влагу, а мерзлая земля не давала бы ее корням дерева, и дерево неизбежно погибло бы от зимней засухи, от жажды.

А дед Митрий, по прозвищу «Десять процентов», узнав об этой маленькой истории с березой, истолковал ее по-своему.

– Ты, милок, – сказал он Рувиму, – поживи с мое, тогда и спорь. А то ты со мной все споришь, а видать, что умом пораскинуть у тебя еще времени не хватило. Нам, старым, думать способнее. У нас заботы мало – вот и прикидываем, что к чему на земле притесано и какое имеет объяснение. Взять, скажем, эту березу. Ты мне про лесничего не говори, я наперед знаю все, что он скажет. Лесничий мужи:; хитрый, он когда в Москве жил, так, говорят, на электрическом току пищу себе готовил. Может это быть или нет?

– Может, – ответил Рувим.

– Может, может! – передразнил его дед. – А ты этот электрический ток видал? Как же ты его видал, когда он видимости из имеет, вроде как воздух? Ты про березу слушай. Промеж людей есть дружба или нет? То-то, что есть. А люди заносятся. Думают, что дружба им одним дадена, чванятся перед всяким живым существом. А дружба – она, брат, кругом, куда ни глянешь. Уж что говорить, корова с коровой дружит и зяблик с зябликом. Убей журавля, так журавлиха исчахнет, исплачется, места себе не найдет. И у всякой травы и дерева тоже, надо быть, дружба иногда бывает. Как же твоей березе не облететь, когда все ее товарки в лесах облетели? Какими глазами она весной на них взглянет, что скажет, когда они

64

зимой исстрадались, а она грелась у печки, в тепле, да в сытости, да в чистоте? Тоже совесть надо иметь.

– Ну, это ты, дед, загнул, – сказал Рувим. – С тобой не столкуешься. Дед захихикал.

– Ослаб? – спросил он язвительно. – Сдаешься? Ты со мной не заводись, – бесполезное дело.

Дед ушел, постукивая палкой, очень довольный, уверенный в том, что победил в этом споре нас всех и заодно с нами и лесничего.

Березу мы высадили в сад, под забор, а ее желтые листья собрали и засушили между страниц «Вокруг света».

Этим и кончилась наша попытка сохранить зимой память о лете.

Похождения жука-носорога

Солдатская сказка

Когда Петр Терентьев уходил из деревни на войну, маленький сын его Степа не знал, что подарить отцу на прощание, и подарил наконец старого жука-носорога. Поймал он его на огороде и посадил в коробок от спичек. Носорог сердился, стучал, требовал, чтобы его выпустили. Но Степа его не выпускал, а подсовывал ему в коробок травинки, чтобы жук не умер от голода. Носорог травинки сгрызал, но все равно продолжал стучать и браниться.

Степа прорезал в коробке маленькое оконце для притока свежего воздуха. Жук высовывал в оконце мохнатую лапу и старался ухватить Степу за палец, – хотел, должно быть, поцарапать от злости. Но Степа пальца не давал. Тогда жук начинал с досады так жужжать, что мать Степы Акулина кричала:

– Выпусти ты его, лешего! Весь день жундит и жундит, голова от него распухла!

Петр Терентьев усмехнулся на Степин подарок, погладил Степу по головке шершавой рукой и спрятал коробок с жуком в сумку от противогаза.

– Только ты его не теряй, сбереги, – сказал Степа.

– Нешто можно такие гостинцы терять, – ответил Петр. – Уж как-нибудь сберегу.

То ли жуку понравился запах резины, то ли от Петра приятно пахло шинелью и черным хлебом, но жук присмирел и так и доехал с Петром до самого фронта.

На фронте бойцы удивлялись жуку, трогали пальцами его крепкий рог, выслушивали рассказ Петра о сыновьем подарке, говорили:

– До чего додумался парнишка! А жук, видать, боевой. Прямо ефрейтор, а не жук.

Бойцы интересовались, долго ли жук протянет и как у него обстоит дело с пищевым довольствием – чем его Петр будет кормить и поить. Без воды он, хотя и жук, а прожить не сможет.

Петр смущенно усмехался, отвечал, что жуку дашь какой-нибудь колосок – он и питается неделю. Много ли ему нужно.

Однажды ночью Петр в окопе задремал, выронил коробок с жуком из сумки. Жук долго ворочался, раздвинул щель в коробке, вылез, пошевелил усиками, прислушался. Далеко гремела земля, сверкали желтые молнии.

Жук полез на куст бузины на краю окопа, чтобы получше осмотреться. Такой грозы он еще не видал. Молний было слишком много. Звезды не висели неподвижно на небе, как у жука на родине, в Петровой деревне, а взлетали с земли, освещали все вокруг ярким светом, дымились и гасли. Гром гремел непрерывно.

Какие-то жуки со свистом проносились мимо. Один из них так ударил в куст бузины, что с него посыпались красные ягоды. Старый носорог упал, прикинулся мертвым и долго боялся пошевелиться. Он понял, что с такими жуками лучше не связываться, – уж очень много их свистело вокруг.

Так он пролежал до утра, пока не поднялось солнце. Жук открыл один глаз, посмотрел на небо. Оно было синее, теплое, такого неба не было в его деревне. Огромные птицы с воем падали с этого неба, как коршуны. Жук быстро перевернулся, стал на ноги, полез под лопух, – испугался, что коршуны его заклюют до смерти.

Утром Петр хватился жука, начал шарить кругом по земле.

– Ты чего? – спросил сосед-боец с таким загорелым лицом, что его можно было принять за негра.

– Жук ушел, – ответил Петр с огорчением. – Вот беда!

– Нашел об чем горевать, – сказал загорелый боец. – Жук и есть жук, насекомое. От него солдату никакой пользы сроду не было.

– Дело не в пользе, – возразил Петр, – а в памяти. Сынишка мне его подарил напоследок. Тут, брат, не насекомое дорого, дорога память.

– Это точно! – согласился загорелый боец. – Это, конечно,

67

дело другого порядка. Только найти его – все равно что махорочную крошку в океане-море. Пропал, значит, жук.

Старый носорог услышал голос Петра, зажужжал, поднялся с земли, перелетел несколько шагов и сел Петру на рукав шинели. Петр обрадовался, засмеялся, а загорелый боец сказал:

– Ну и шельма! На хозяйский голос идет, как собака. Насекомое, а котелок у него варит.

С тех пор Петр перестал сажать жука в коробок, а носил его прямо в сумке от противогаза, и бойцы еще больше удивлялись: «Видишь ты, совсем ручной сделался жук!»

Иногда в свободное время Петр выпускал жука, а жук ползал вокруг, выискивал какие-то корешки, жевал листья. Они были уже не те, что в деревне. Вместо листьев березы много было листьев вяза и тополя. И Петр, рассуждая с бойцами, говорил:

– Перешел мой жук на трофейную пищу.

Однажды вечером в сумку от противогаза подуло свежестью, запахом большой воды, и жук вылез из сумки, чтобы посмотреть, куда это он попал.

Петр стоял вместе с бойцами на пароме. Паром плыл через широкую светлую реку. За ней садилось золотое солнце, по берегам стояли ракиты, летали над ними аисты с красными лапами.

– Висла! – говорили бойцы, зачерпывали манерками воду, пили, а кое-кто умывал в прохладной воде пыльное лицо. – Пили мы, значит, воду из Дона, Днепра и Буга, а теперь попьем и из Вислы. Больно сладкая в Висле вода.

Жук подышал речной прохладой, пошевелил усиками, залез в сумку, уснул.

Проснулся он от сильной тряски. Сумку мотало, она подскакивала. Жук быстро вылез, огляделся. Петр бежал по пшеничному полю, а рядом бежали бойцы, кричали «ура». Чуть светало. На касках бойцов блестела роса.

Жук сначала изо всех сил цеплялся лапками за сумку, потом сообразил, что все равно ему не удержаться, раскрыл крылья, снялся, полетел рядом с Петром и загудел, будто подбодряя Петра.

Какой-то человек в грязном зеленом мундире прицелился в Петра из винтовки, но жук с налета ударил этого человека в глаз. Человек пошатнулся, выронил винтовку и побежал.

Жук полетел следом за Петром, вцепился ему в плечи и слез в сумку только тогда, когда Петр упал на землю и крикнул кому-то: «Вот незадача! В ногу меня задело!» В это время люди в грязных зеленых мундирах уже бежали, оглядываясь, и за ними по пятам катилось громовое «ура».

Месяц Петр пролежал в лазарете, а жука отдали на сохранение польскому мальчику. Мальчик этот жил в том же дворе, где помещался лазарет.

Из лазарета Петр снова ушел на фронт – рана у него была легкая. Часть свою он догнал уже в Германии. Дым от тяжелых боев был такой, будто горела сама земля и выбрасывала из каждой лощинки громадные черные тучи. Солнце меркло в небе. Жук, должно быть, оглох от грома пушек и сидел в сумке тихо, не шевелясь.

Но как-то утром он задвигался и вылез. Дул теплый ветер, уносил далеко на юг последние полосы дыма. Чистое высокое солнце сверкало в синей небесной глубине. Было так тихо, что жук слышал шелест листа на дереве над собой. Все листья висели неподвижно, и только один трепетал и шумел, будто радовался чему-то и хотел рассказать об этом всем остальным листьям.

Петр сидел на земле, пил из фляжки воду. Капли стекали по его небритому подбородку, играли на солнце. Напившись, Петр засмеялся и сказал:

– Победа!

– Победа! – отозвались бойцы, сидевшие рядом.

Один из них вытер рукавом глаза и добавил:

– Вечная слава! Стосковалась по нашим рукам родная земля. Мы теперь из нее сделаем сад и заживем, братцы, вольные и счастливые.

Вскоре после этого Петр вернулся домой. Акулина

закричала и заплакала от радости, а Степа тоже заплакал и спросил:

– Жук живой?

– Живой он, мой товарищ, – ответил Петр. – Не тронула его пуля. Воротился он в родные места с победителями. И мы его выпустим с тобой, Степа.

Петр вынул жука из сумки, положил на ладонь.

Жук долго сидел, озирался, поводил усами, потом приподнялся на задние лапки, раскрыл крылья, снова сложил их, подумал и вдруг взлетел с громким жужжанием – узнал родные места. Он сделал круг над колодцем, над грядкой укропа в огороде и полетел через речку в лес, где аукались ребята, собирали грибы и дикую малину. Степа долго бежал за ним, махал картузом.

– Ну вот, – сказал Петр, когда Степа вернулся, – теперь жучище этот расскажет своим про войну и про геройское свое поведение. Соберет всех жуков под можжевельником, поклонится на все стороны и расскажет.

Степа засмеялся, а Акулина сказала:

– Будя мальчику сказки рассказывать. Он и впрямь поверит.

– И пусть его верит, – ответил Петр. – От сказки не только ребятам, а даже бойцам одно удовольствие.

– Ну, разве так! – согласилась Акулина и подбросила в самовар сосновых шишек.

Самовар загудел, как старый жук-носорог. Синий дым из самоварной трубы заструился, полетел в вечернее небо, где уже стоял молодой месяц, отражался в озерах, в реке, смотрел сверху на тихую нашу землю.

Прощание с летом

Несколько дней лил, не переставая, холодный дождь. В саду шумел мокрый ветер. В четыре часа дня мы уже зажигали керосиновые лампы, и невольно казалось, что лето окончилось навсегда и земля уходит все дальше и дальше в глухие туманы, в неуютную темень и стужу.

Был конец ноября – самое грустное время в деревне. Кот спал весь День, свернувшись на старом кресле, и вздрагивал во сне, когда темная вода хлестала в окна.

Дороги размыло. По реке несло желтоватую пену, похожую на сбитый белок. Последние птицы спрятались под стрехи, и вот уже больше недели, как никто нас не навещал: ни дед Митрий, ни Ваня Малявин, ни лесничий.

Лучше всего было по вечерам. Мы затапливали печи. Шумел огонь, багровые отсветы дрожали на бревенчатых стенах и па старой гравюре – портрете художника Брюллова. Откинувшись в кресле, он смотрел на нас и, казалось, так же как и мы, отложив раскрытую книгу, думал о прочитанном и прислушивался к гудению дождя по тесовой крыше.

Ярко горели лампы, и все пел и пел свою нехитрую песню медный самовар-инвалид. Как только его вносили в комнату, в ней сразу становилось уютно – может быть, оттого, что стекла запотевали и не было видно одинокой березовой ветки, день и ночь стучавшей в окно.

После чая мы садились у печки и читали. В такие вечера приятнее всего было читать очень длинные и трогательные романы Чарльза Диккенса или перелистывать тяжелые тома журналов «Нива» и «Живописное обозрение» за старые годы.

По ночам часто плакал во сне Фунтик – маленькая рыжая такса. Приходилось вставать и закутывать его теплой шерстяной тряпкой. Фунтик благодарил сквозь сон, осторожно лизал руку и, вздохнув, засыпал. Темнота шумела за стенами плеском дождя и ударами ветра, и страшно было подумать о тех, кого, может быть, застигла эта ненастная ночь в непроглядных лесах.

Однажды ночью я проснулся от странного ощущения. Мне показалось, что я оглох во сне. Я лежал с закрытыми глазами, долго прислушивался в наконец понял, что я не оглох, а попросту за стенами дома наступила необыкновенная тишина. Такую тишину называют «мертвой». Умер дождь, умер ветер, умер шумливый, беспокойный сад. Было только слышно, как посапывает во сне кот.

Я открыл глаза. Белый и ровный свет наполнял комнату. Я встал и подошел к окну – за Стеклами все было снежно и безмолвно. В туманном небе на головокружительной высоте стояла одинокая луна, и вокруг нее переливался желтоватый круг.

Когда же выпал первый снег? Я подошел к ходикам. Было так светло, что ясно чернели стрелки. Они показывали два часа.

Я уснул в полночь. Значит, за два часа так необыкновенно изменилась земля, за два коротких часа поля, леса и сады заворожила стужа.

Через окно я увидел, как большая серая птица села на ветку клена в саду. Ветка закачалась, с нее посыпался снег. Птица медленно поднялась и улетела, а снег все сыпался, как стеклянный дождь, падающий с елки. Потом снова все стихло.

Проснулся Рувим. Он долго смотрел за окно, вздохнул и сказал:

– Первый снег очень к лицу земле.

Земля была нарядная, похожая на застенчивую невесту.

А утром все хрустело вокруг: подмерзшие дороги, листья на крыльце, черные стебли крапивы, торчавшие из-под снега.

К чаю приплелся в гости дед Митрий и поздравил с первопутком.

– Вот и умылась земля, – сказал он, – снеговой водой из серебряного корыта.

– Откуда ты это взял, Митрий, такие слова? – спросил Рувим.

– А нешто не верно? – усмехнулся дед. – Моя мать, покойница, рассказывала, что в стародавние годы красавицы умывались первым снегом из серебряного кувшина и потому никогда не вяла их красота. Было это еще до царя Петра, милок, когда по здешним лесам разбойники купцов разоряли.

Трудно было оставаться дома в первый зимний день. Мы ушли на лесные озера. Дед проводил нас до опушки. Ему тоже хотелось побывать на озерах, но «не пущала ломота в костях».

В лесах было торжественно, светло и тихо.

День как будто дремал. С пасмурного высокого неба изредка падали одинокие снежинки. Мы осторожно дышали на них, и они превращались в чистые капли воды, потом мутнели, смерзались и скатывались на землю, как бисер.

Мы бродили по лесам до сумерек, обошли знакомые места. Стаи снегирей сидели, нахохлившись, на засыпанных снегом рябинах.

Мы сорвали несколько гроздей схваченной морозом красной рябины – это была последняя память о лете, об осени.

На маленьком озере – оно называлось Лариным прудом – всегда плавало много ряски. Сейчас вода в озере была очень черная, прозрачная, – вся ряска к зиме опустилась на дно.

У берегов наросла стеклянная полоска льда. Лед был такой прозрачный, что даже вблизи его было трудно заметить. Я увидел в воде у берега стаю плотиц и бросил в них маленький камень. Камень упал на лед, зазвенел, плотицы, блеснув чешуей, метнулись в глубину, а на льду остался белый зернистый след от удара. Только поэтому мы и догадались, что у берега уже образовался слой льда. Мы обламывали руками отдельные льдинки. Они хрустели и оставляли на пальцах смешанный запах снега и брусники.

Кое-где на полянах перелетали и жалобно попискивали птицы. Небо над головой было очень светлое, белое, а к горизонту оно густело, и цвет его напоминал свинец. Оттуда ими медленные снеговые тучи.

В лесах становилось все сумрачнее, все тише, и наконец пошел густой снег. Он таял в черной воде озера, щекотал лицо, порошил серым дымом леса.

Зима начала хозяйничать над землей, но мы знали, что под рыхлым снегом, если разгрести его руками, еще можно найти свежие лесные цветы, знали, что в печах всегда будет трещать огонь, что с нами остались зимовать синицы, и зима показалась нам такой же прекрасной, как лето.

Резиновая лодка

Мы купили для рыбной ловли надувную резиновую лодку. Купили мы ее еще зимой в Москве, но с тех пор не знали покоя. Больше всех волновался Рувим. Ему казалось, что за всю его жизнь не было такой затяжной и скучной весны, что снег нарочно тает очень медленно и что лето будет холодным и ненастным.

Рувим хватался за голову и жаловался на дурные сны. То ему снилось, что большая щука таскает его вместе с резиновой лодкой по озеру и лодка ныряет в воду и вылетает обратно с оглушительным бульканием; то снился пронзительный разбойничий свист- это из лодки, распоротой корягой, стремительно выходил воздух, и Рувим, спасаясь, суетливо плыл к берегу и держал в зубах коробку с папиросами.

Страхи прошли только летом, когда мы привезли лодку в деревню и испытали ее на мелком месте, около Чертова моста. Десятки мальчишек плавали около лодки, свистели, хохотали и ныряли, чтобы увидеть лодку снизу. Лодка спокойно покачивалась, серая и толстая, похожая на черепаху. Белый мохнатый щенок с черными ушами – Мурзик-лаял на нее с берега и рыл задними лапами песок. Это значило, что Мурзик разлаялся не меньше, чем на час. Коровы на лугу подняли головы и все, как по команде, перестали жевать.

Бабы шли через Чертов мост с кошелками. Они увидели резиновую лодку, завизжали и заругались на нас.

— Ишь, шалые, что придумали! Народ зря мутится! После испытания дед, по прозвищу "Десять процентов", щупал лодку корявыми пальцами, нюхал ее, ковырял, хлопал по надутым бортам и сказал с уважением:

— Воздуходувная вещь!

После этих слов лодка была признана всем населением деревни, а рыбаки нам даже завидовали.

Но страхи не прошли. У лодки появился новый враг – Мурзик. Мурзик был недогадлив, и потому с ним всегда случались несчастья: то его жалила оса, и он валялся с визгом по земле и мял траву, то ему отдавливали лапу, то он, воруя мед, измазывал им мохнатую морду до самых ушей, к морде прилипали листья и куриный пух, – и нашему мальчику приходилось отмывать Мурзика теплой водой. Но больше всего Мурзик изводил нас лаем и попытками сгрызть все, что ему попадалось под руку. Лаял он преимущественно на непонятные вещи: на черного кота Степана, на самовар, примус и на ходики. Кот сидел на окне, тщательно мылся и делал вид, что не слышит назойливого лая. Только одно ухо у него странно дрожало от ненависти и презрения к Мурзику. Иногда кот взглядывал на щенка скучающими наглыми глазами, как будто говорил Мурзику:

— Отвяжись, а то так тебя двину!..

Тогда Мурзик отскакивал и уже не лаял, а визжал, закрыв глаза. Кот поворачивался к Мурзику спиной и громко зевал. Всем своим видом он хотел унизить этого дурака, но Мурзик не унимался. Грыз Мурзик молча и долго. Изгрызенные и замусоленные вещи он всегда сносил в чулан, где мы их и находили. Так он сгрыз книжку стихов Веры Инбер, подтяжки Рувима и замечательный поплавок из иглы дикобраза-я купил его случайно за три рубля.

Наконец Мурзик добрался и до резиновой лодки. Он долго пытался ухватить ее за борт, но лодка была очень туго надута, и зубы скользили. Ухватить было не за что. Тогда Мурзик полез в лодку и нашел там единственную вещь, которую можно было сжевать, – резиновую пробку. Ею был заткнут клапан, выпускавший воздух. Мы в это время пили в саду чай и не подозревали ничего плохого. Мурзик лег, зажал пробку между лапами и заворчал – пробка ему начинала нравиться. Он грыз ее долго. Резина не поддавалась. Только через час он ее разгрыз, и тогда случилась совершенно страшная и невероятная вещь.

Густая струя воздуха с ревом вырвалась из клапана, как вода из пожарного шланга, ударила в морду, подняла на Мурзике шерсть и подбросила его в воздух. Мурзик чихнул, взвизгнул и полетел в заросли крапивы, а лодка еще долго свистела, рычала, и бока ее тряслись и худели на глазах. Куры раскудахтались по всем соседским дворам, а черный кот промчался тяжелым галопом через сад и прыгнул на березу. Оттуда он долго смотрел, как булькала странная лодка, выплевывая толчками последний воздух.

После этого случая Мурзика наказали. Рувим нашлепал его и привязал к забору. Мурзик извинялся. Завидев кого-нибудь из нас, он начинал подметать хвостом пыль около забора и виновато поглядывать в глаза. Но мы были непреклонны – хулиганская выходка требовала наказания.

Мы скоро ушли за двадцать километров, на Глухое озеро, но Мурзика не взяли. Когда мы уходили, он долго визжал и плакал на своей веревке около забора. Нашему мальчику было жаль Мурзика, но он крепился.

На Глухом озере мы пробыли четыре дня. На третий день ночью я проснулся оттого, что кто-то горячим и шершавым языком вылизывал мои щеки. Я поднял голову и при свете костра увидел мохнатую, мокрую от слез Мурзикину морду. Он визжал от радости, но не забывал извиняться – все время подметал хвостом сухую хвою по земле. На шее его болтался обрывок разгрызенной веревки. Он дрожал, в шерсть его набился мусор, глаза покраснели от усталости и слез.

Я разбудил всех. Мальчик засмеялся, потом заплакал и опять засмеялся. Мурзик подполз к Рувиму и лизнул его в пятку – в последний раз попросил прощения. Тогда Рувим раскупорил банку тушеной говядины-мы звали ее "смакатурой"-и накормил Мурзика. Мурзик сглотал мясо в несколько секунд. Потом он лег рядом с мальчиком, засунул морду к нему под мышку, вздохнул и засвистел носом. Мальчик укрыл Мурзика своим пальто. Во сне Мурзик тяжело вздыхал от усталости и потрясения.

Я думал о том, как, должно быть, страшно было. такому маленькому щенку бежать через ночные леса, вынюхивая наши следы, сбиваться с пути, скулить, поджав лапу, слушать плач совы, треск веток и непонятный шум травы и, наконец, мчаться опрометью, прижав уши, когда где-то на самом краю земли слышался дрожащий вой волка. Я понимал испуг и усталость Мурзика. Мне самому приходилось ночевать в лесу без товарищей, и я никогда не забуду первую свою ночь на Безыменном озере.

Был сентябрь. Ветер сбрасывал с берез мокрые и пахучие листья. Я сидел у костра, и мне казалось, что кто-то стоит за спиной и тяжело смотрит в затылок. Потом в глубине зарослей я услышал явственный треск человеческих шагов по валежнику. Я встал и, повинуясь необъяснимому и внезапному страху, залил костер, хотя н знал, что на десятки километров вокруг не было ни души. Я был совсем один в ночных лесах. Я просидел до рассвета у потухшего костра. В тумане, в осенней сырости над черной водой поднялась кровавая луна, и свет ее казался мне зловещим и мертвым.

Когда мы возвращались с Глухого озера, мы посадили Мурзика в резиновую лодку. Он сидел тихо, расставив лапы, искоса посматривал на клапан, вилял самым кончиком хвоста, но на всякий случай тихо ворчал. Он боялся, что клапан опять выкинет с ним какую-нибудь зверскую штуку. После этого случая Мурзик быстро привык к лодке и всегда спал в ней.

Однажды кот Степан залез в лодку и тоже решил там поспать. Мурзик храбро бросился на кота. Кот со страшным шипом, будто кто-нибудь плеснул воду на раскаленную сковороду с салом, вылетел из лодки н больше к ней не подходил, хотя ему иногда и очень хотелось поспать в ней. Кот только смотрел на лодку и Мурзика из зарослей лопухов завистливыми глазами.

Лодка дожила до конца лета. Она не лопнула и ни разу не напоролась на корягу. Рувим торжествовал. А Мурзика мы перед отъездом в Москву подарили нашему приятелю-Ване Малявину, внуку лесника с Урженского озера. Мурзик был деревенской собакой, и в Москве среди асфальта и грохота ему было бы трудно жить.

Сказочник (Александр Грин)

В старом Крыму провел последние дни своей жизни и умер писатель Грин – Александр Степанович Гриневский.

Грин – человек с тяжелой, мучительной жизнью – создал в своих рассказах невероятный мир, полный заманчивых событий, прекрасных человеческих чувств и приморских праздников. Грин был суровый сказочник и поэт морских лагун и портов. Его рассказы вызывали легкое головокружение, как запах раздавленных цветов и свежие, печальные ветры.

Грин провел почти всю жизнь в ночлежных домах, в грошовом и непосильном труде, в нищете и недоедании. Он был матросом, грузчиком, нищим, банщиком, золотоискателем, но прежде всего – неудачником.

Взгляд его остался наивен и чист, как у мечтательного мальчика. Он не замечал окружающего и жил на облачных, веселых берегах.

Только в последние годы перед смертью в словах и рассказах Грина появились первые намеки на приближение его к нашей действительности.

Романтика Грина была проста, весела, блестяща. Она возбуждала в людях желание разнообразной жизни, полной риска и «чувства высокого», жизни, свойственной исследователям, мореплавателям и путешественникам. Она вызывала упрямую потребность увидеть и узнать весь земной шар, а это желание было благородным и прекрасным. Этим Грин оправдал все, что написал.

Язык его был блестящ. Беру отрывки наугад, открывая страницу за страницей:

«Где-то высоко над головой, переходя с фальцета на альт, запела одинокая пуля, стихла, описала дугу и безвредно легла на песок рядом с потревоженным муравьем, тащившим какую-то очень нужную для него палочку».

«Он слушал игру горниста. Это была странная поэзия солдатского дня, элегия оставленных деревень, меланхолия хорошо вычищенных штыков».

«Зима умерла. Весна столкнула ее голой розовой и дерзкой ногой в сырые овраги, где, лежа ничком, в виде мертвенно белых, обтаявших пластов снега, старуха дышала еще в последней агонии холодным паром, но слабо и безнадежно».

Грин хорошо выдумывал старинные матросские застольные песни:

Не шуми, океан, не пугай, Нас земля напугала давно. В южный край – В светлый рай Приплывем все равно!

Он выдумывал и другие песенки – шутливые:

Позвольте вам сказать, сказать,

Позвольте рассказать,

Как в бурю паруса вязать,

Как паруса вязать!

Позвольте вас на салинг взять,

Ах, вас на салинг взять,

И в руки мокрый шкот вам дать,

Вам шкотик мокрый дать!

В Старом Крыму мы были в доме Грина. Он белел в густом саду, заросшем травой с пушистыми венчиками. В траве, еще свежей, несмотря на позднюю осень, валялись листья ореха. Слабо жужжали последние осы.

Маленький дом был прибран и безмолвен. За окном легкой тучей лежали далекие горы.

Простая и суровая обстановка была скрашена только одной гравюрой, висевшей на белой стене, – портретом Эдгара По.

Мы не разговаривали, несмотря на множество мыслей, и с величайшим волнением осматривали суровый приют человека, обладавшего даром могучего и чистого воображения.

Старый Крым сразу изменился после того, как мы увидели жилище Грина и узнали простую повесть его смерти.

Этот писатель – бесконечно одинокий и не услышанный в раскатах революционных лет – сильно тосковал перед смертью о людях. Он просил привести к нему хотя бы одного человека, читавшего его книги, чтобы увидеть его, поблагодарить и узнать, наконец, запоздалую радость общения с людьми, ради которых он работал.

Но било поздно. Никто не успел приехать в сонный, далекий от железных дорог провинциальный город.

Грин попросил, чтобы его кровать поставили перед окном, и Бее время смотрел на горы. Может быть, их цвет, их синева на горизонте напоминали ему любимое и покинутое море.

Только две женщины, два человека пленительной простоты были с Грином в дни его смерти – жена и ее старуха мать.

Перед уходом из Старого Крыма мы прошли на могилу Грина. Камень, степные цветы и куст терновника с колючими иглами – это было все.

Едва заметная тропинка вела к могиле.

Я подумал, что через много лет, когда имя Грина будет произноситься с любовью, люди вспомнят об этой могиле, но им придется раздвигать миллионы густых веток и мять миллионы высоких цветов, чтобы найти ее серый и спокойный камень.

– Я уверен, – сказал Гарг, когда мы выходили за город на старую почтовую дорогу, – что наше время – самое благодарное из всех эпох в жизни человечества. Если раньше могли быть забытыми мыслители, писатели и поэты, то теперь этого не может быть и не будет. Мы выжимаем ценности прошлого, как виноградный сок, и он превращается в крепкое вино. Этого сока в книгах Грина очень много.

Я согласился с ним.

Мы вышли в горы. Солнце катилось к закату. Его чистый диск коснулся облетевших лесов. Ночь уже шла по ущельям. В сухих листьях шуршали, укладываясь спать, птицы и горные мыши.

Первая звезда задрожала и остановилась в небе, как золотая пчела, растерявшаяся от зрелища осенней земли, плывущей под ней глубоко и тихо.

Я оглянулся и увидел в просвете ущелья тот холм, где была, могила Грина. Звезда блистала прямо над ним.

Старый повар

В один из зимних вечеров 1786 года на окраине Вены в маленьком деревянном доме умирал слепой старик — бывший повар графини Тун. Собственно говоря, это был даже не дом, а ветхая сторожка, стоявшая в глубине сада. Сад был завален гнилыми ветками, сбитыми ветром. При каждом шаге ветки хрустели, и тогда начинал тихо ворчать в своей будке цепной пёс. Он тоже умирал, как и его хозяин, от старости и уже не мог лаять.

Несколько лет назад повар ослеп от жара печей. Управляющий графини поселил его с тех пор в сторожке и выдавал ему время от времени несколько флоринов.

Вместе с поваром жила его дочь Мария, девушка лет восемнадцати. Всё убранство сторожки составляли кровать, хромые скамейки, грубый стол, фаянсовая посуда, покрытая трещинами, и, наконец, клавесин — единственное богатство Марии.

Клавесин был такой старый, что струны его пели долго и тихо в ответ в ответ на все возникавшие вокруг звуки. Повар, смеясь, называл клавесин «сторожем своего дома». Никто не мог войти в дом без того, чтобы клавесин не встретил его дрожащим, старческим гулом.

Когда Мария умыла умирающего и надела на него холодную чистую рубаху, старик сказал:

— Я всегда не любил священников и монахов. Я не могу позвать исповедника, между тем мне нужно перед смертью очистить свою совесть.

— Что же делать? — испуганно спросила Мария.

— Выйди на улицу, — сказал старик, — и попроси первого встречного зайти в наш дом, чтобы исповедать умирающего. Тебе никто не откажет.

— Наша улица такая пустынная… — прошептала Мария, накинула платок и вышла.

Она пробежала через сад, с трудом открыла заржавленную

калитку и остановилась. Улица была пуста. Ветер нёс по ней листья, а с тёмного неба падали холодные капли дождя.

Мария долго ждала и прислушивалась. Наконец ей показалось, что вдоль ограды идёт и напевает человек. Она сделала несколько шагов ему навстречу, столкнулась с ним и вскрикнула. Человек остановился и спросил:

— Кто здесь?

Мария схватила его за руку и дрожащим голосом передала просьбу отца.

— Хорошо, — сказал человек спокойно. — Хотя я не священник, но это всё равно. Пойдёмте.

Они вошли в дом. При свече Мария увидела худого маленького человека. Он сбросил на скамейку мокрый плащ. Он был одет с изяществом и простотой — огонь свечи поблёскивал на его чёрном камзоле, хрустальных пуговицах и кружевном жабо.

Он был ещё очень молод, этот незнакомец. Совсем по-мальчишески он тряхнул головой, поправил напудренный парик, быстро придвинул к кровати табурет, сел и, наклонившись, пристально и весело посмотрел в лицо умирающему.

— Говорите! — сказал он. — Может быть, властью, данной мне не от бога, а от искусства, которому я служу, я облегчу ваши последние минуты и сниму тяжесть с вашей души.

— Я работал всю жизнь, пока не ослеп, — прошептал старик. — А кто работает, у того нет времени грешить. Когда заболела чахоткой моя жена — её звали Мартой — и лекарь прописал ей разные дорогие лекарства и приказал кормить её сливками и винными ягодами и поить горячим красным вином, я украл из сервиза графини Тун маленькое золотое блюдо, разбил его на куски и продал. И мне тяжело теперь вспоминать об этом и скрывать от дочери: я её научил не трогать ни пылинки с чужого стола.

— А кто-нибудь из слуг графини пострадал за это? — спросил незнакомец.

— Клянусь, сударь, никто, — ответил старик и заплакал. —

Если бы я знал, что золото не поможет моей Марте, разве я мог бы украсть!

— Как вас зовут? — спросил незнакомец.

— Иоганн Мейер, сударь.

— Так вот, Иоганн Мейер, — сказал незнакомец и положил ладонь на слепые глаза старика, — вы невинны перед людьми. То, что вы совершили, не есть грех и не является кражей, а, наоборот, может быть зачтено вам как подвиг любви.

— Аминь! — прошептал старик.

— Аминь! — повторил незнакомец. — А теперь скажите мне вашу последнюю волю.

— Я хочу, чтобы кто-нибудь позаботился о Марии.

— Я сделаю это. А еще чего вы хотите?

Тогда умирающий неожиданно улыбнулся и громко сказал:

— Я хотел бы ещё раз увидеть Марту такой, какой я встретил её в молодости. Увидеть солнце и этот старый сад, когда он зацветет весной. Но это невозможно, сударь. Не сердитесь на меня за глупые слова. Болезнь, должно быть, совсем сбила меня с толку.

— Хорошо, — сказал незнакомец и встал. — Хорошо, — повторил он, подошёл к клавесину и сел перед ним на табурет. — Хорошо! — громко сказал он в третий раз, и внезапно быстрый звон рассыпался по сторожке, как будто на пол бросили сотни хрустальных шариков.

— Слушайте,- сказал незнакомец. — Слушайте и смотрите.

Он заиграл. Мария вспоминала потом лицо незнакомца, когда первый клавиш прозвучал под его рукой. Необыкновенная бледность покрыла его лоб, а в потемневших глазах качался язычок свечи.

Клавесин пел полным голосом впервые за многие годы. Он наполнял своими звуками не только сторожку, но и весь сад. Старый пёс вылез из будки, сидел, склонив голову набок, и, насторожившись, тихонько помахивал хвостом. Начал идти мокрый снег, но пёс только потряхивал ушами.

— Я вижу, сударь! — сказал старик и приподнялся на кровати. — Я вижу день, когда я встретился с Мартой и она от смущения разбила кувшин с молоком. Это было зимой, в горах. Небо стояло прозрачное, как синее стекло, и Марта смеялась. Смеялась, — повторил он, прислушиваясь к журчанию струн.

Незнакомец играл, глядя в чёрное окно.

— А теперь, — спросил он, — вы видите что-нибудь?

Старик молчал, прислушиваясь.

— Неужели вы не видите, — быстро сказал незнакомец, не переставая играть, — что ночь из чёрной сделалась синей, а потом голубой, и тёплый свет уже падает откуда-то сверху, и на старых ветках ваших деревьев распускаются белые цветы. По-моему, это цветы яблони, хотя отсюда, из комнаты, они похожи на большие тюльпаны. Вы видите: первый луч упал на каменную ограду, нагрел её, и от неё поднимается пар. Это, должно быть, высыхает мох, наполненный растаявшим снегом. А небо делается всё выше, всё синее, всё великолепнее, и стаи птиц уже летят на север над нашей старой Веной.

— Я вижу всё это! — крикнул старик.

Тихо проскрипела педаль, и клавесин запел торжественно, как будто пел не он, а сотни ликующих голосов.

— Нет, сударь, — сказала Мария незнакомцу, — эти цветы совсем не похожи на тюльпаны. Это яблони распустились за одну только ночь.

— Да, — ответил незнакомец, — это яблони, но у них очень крупные лепестки.

— Открой окно, Мария, — попросил старик.

Мария открыла окно. Холодный воздух ворвался в комнату. Незнакомец играл очень тихо и медленно.

Старик упал на подушки, жадно дышал и шарил по одеялу руками. Мария бросилась к нему. Незнакомец перестал играть. Он сидел у клавесина не двигаясь, как будто заколдованный собственной музыкой.

Мария вскрикнула. Незнакомец встал и подошёл к кровати. Старик сказал, задыхаясь:

— Я видел всё так ясно, как много лет назад. Но я не хотел бы умереть и не узнать… имя. Имя!

— Меня зовут Вольфганг Амадей Моцарт, — ответил незнакомец.

Мария отступила от кровати и низко, почти касаясь коленом пола, склонилась перед великим музыкантом.

Когда она выпрямилась, старик был уже мёртв. Заря разгоралась за окнами, и в её свете стоял сад, засыпанный цветами мокрого снега.

МЕЩЕРСКАЯ СТОРОНА

Обыкновенная земля

В Мещёрском крае нет никаких особенных красот и богатств, кроме лесов, лугов и прозрачно-го воздуха. Но все же край этот обладает большой притягательной силой. Он очень скромен — так же, как картины Левитана. Но в нем, как и в этих картинах, заключена вся прелесть и все незамет-ное на первый взгляд разнообразие русской природы.

Что можно увидеть в Мещёрском крае? Цветущие или скошенные луга, сосновые боры, поемные и лесные озера, заросшие черной кугой, стога, пахнущие сухим и теплым сеном. Сено в стогах держит тепло всю зиму.

Мне приходилось ночевать в стогах в октябре, когда трава на рассвете покрывается инеем, как солью. Я вырывал в сене глубокую нору, залезал в нее и всю ночь спал в стогу, будто в запертой комнате. А над лугами шел холодный дождь и ветер налетал косыми ударами.

В Мещёрском крае можно увидеть сосновые боры, где так торжественно и тихо, что бубенчик-«болтун» заблудившейся коровы слышен далеко, почти за километр. Но такая тишина стоит в лесах только в безветренные дни. В ветер леса шумят великим океанским гулом и вершины сосен гнутся вслед пролетающим облакам.

В Мещёрском крае можно увидеть лесные озера с темной водой, обширные болота, покрытые ольхой и осиной, одинокие, обугленные от старости избы лесников, пески, можжевельник, вереск, косяки журавлей и знакомые нам под всеми широтами звезды.

Что можно услышать в Мещёрском крае, кроме гула сосновых лесов? Крики перепелов и ястребов, свист иволги, суетливый стук дятлов, вой волков, шорох дождей в рыжей хвое, вечерний плач гармоники в деревушке, а по ночам — разноголосое пение петухов да колотушку деревенско-го сторожа.

Но увидеть и услышать так мало можно только в первые дни. Потом с каждым днем этот край делается все богаче, разнообразнее, милее сердцу. И, наконец, наступает время, когда каждая и на над заглохшей рекой кажется своей, очень знакомой, когда о ней можно рассказывать удивитель-ные истории.

Я нарушил обычай географов. Почти все географические книги начинаются одной и той же фразой: «Край этот лежит между такими-то градусами восточной долготы и северной широты и граничит на юге с такой-то областью, а на севере — с такой-то». Я не буду называть широт и долгот Мещёрского края. Достаточно сказать, что он лежит между Владимиром и Рязанью, недалеко от Москвы, и является одним из немногих уцелевших лесных островов, остатком «великого пояса хвойных лесов». Он тянулся некогда от Полесья до Урала. В него входили леса: Чернигов-ские, Брянские, Калужские, Мещёрские, Мордовские и Керженские. В этих лесах отсиживалась от татарских набегов древняя Русь.

Первое знакомство

Впервые я попал в Мещёрский край с севера, из Владимира.

За Гусем-Хрустальным, на тихой станции Тума, я пересел на поезд узкоколейки. Это был поезд времен Стефенсона. Паровоз, похожий на самовар, свистел детским фальцетом. У паровоза было обидное прозвище: «мерин». Он и вправду был похож на старого мерина. На закруглениях он кряхтел и останавливался. Пассажиры выходили покурить. Лесное безмолвие стояло вокруг задыхавшегося «мерина». Запах дикой гвоздики, нагретой солнцем, наполнял вагоны.

Пассажиры с вещами сидели на площадках — вещи в вагон не влезали. Изредка в пути с площадки на полотно начинали вылетать мешки, корзины, плотничьи пилы, а за вещами выскаки-вал и их обладатель, нередко довольно древняя старуха. Неопытные пассажиры пугались, а опытные, скручивая козьи ножки и поплевывая, объясняли, что это самый удобный способ высаживаться из поезда поближе к своей деревне.

Узкоколейка в Мещёрских лесах — самая неторопливая железная дорога в Союзе.

Станции завалены смолистыми бревнами и пахнут свежей порубкой и дикими лесными цветами.

На станции Пилево в вагон влез косматый дед. Он перекрестился в угол, где дребезжала круглая чугунная печка, вздохнул и пожаловался в пространство:

— Чуть что, сейчас берут меня за бороду — езжай в город, подвязывай лапти. А того нет в соображении, что, может, ихнее это дело копейки не стоит. Посылают меня до музею, где советско правительство собирает карточки, прейскуранты, все такое прочее. Посылают с заявлением.

— Чего брешешь?

— Ты гляди — вот!

Дед вытащил измятую бумажку, сдул с нее махру и показал бабе-соседке.

— Манька, прочти,- сказала баба девчонке, тершейся носом об окно.

Манька обтянула платье на исцарапанных коленках, подобрала ноги и начала читать хриплым голосом:

— «Собчается, что в озере живут незнакомые птицы, громадного росту, полосатые, всего три; неизвестно, откуль залетели,- надо бы взять живьем для музею, а потому присылайте ловцов».

— Вот,- сказал дед горестно,- за каким делом теперь старикам кости ломают. А все Лешка-комсомолец, Язва — страсть! Тьфу!

Дед плюнул. Баба вытерла круглый рот концом платка и вздохнула. Паровоз испуганно посвистывал, леса гудели и справа и слева, бушуя, как озера. Хозяйничал западный ветер. Поезд с трудом прорывался через его сырые потоки и безнадежно опаздывал, отдуваясь на пустых полустанках.

— Вот оно существование наше,- повторил дед.- Летошний год гоняли меня в музею, сегодняшний год опять!

— Чего в летошний год нашли? — спросила баба.

— Торчак!

— Чегой-то?

— Торчак. Ну, кость древнюю. В болоте она валялась. Вроде олень. Роги — с этот вагон. Прямо страсть. Копали его цельный месяц. Вконец измучился народ.

— На кой он сдался? — спросила баба.

— Ребят по ем будут учить.

Об этой находке в «Исследованиях и материалах областного музея» сообщалось следующее:

«Скелет уходил в глубь трясины, не давая опоры для копачей. Пришлось раздеться и спуститься в трясину, что было крайне трудно из-за ледяной температуры родниковой воды. Огромные рога, как и череп, были целы, но крайне непрочны вследствие полнейшей мацерации (размачивания) костей. Кости разламывались прямо в руках, но по мере высыхания твердость костей восстанавливалась».

Был найден скелет исполинского ископаемого ирландского оленя с размахом рогов в два с половиной метра.

С этой встречи с косматым дедом началось мое знакомство с Мещёрой. Потом я услышал много рассказов и о зубах мамонта, и о кладах, и о грибах величиной с человеческую голову. Но этот первый рассказ в поезде запомнился мне особенно резко.

Старинная карта

С большим трудом я достал карту Мещёрского края. На ней была пометка: «Карта составлена по старинным съемкам, произведенным до 1870 года». Карту эту мне пришлось исправлять самому. Изменились русла рек. Там, где на карте были болота, кое-где уже шумел молодой сосновый лес; на месте иных озер оказались трясины.

Но все же пользоваться этой картой было надежнее, чем заниматься расспросами местных жителей. С давних пор так уж повелось у нас на Руси, что никто столько не напутает, когда объясняет дорогу, как местный житель, особенно если он человек разговорчивый.

— Ты, милый человек,- кричит местный житель,- других не слухам! Они тебе такого наговорят, что ты жизни будешь не рад. Ты меня одного слухай, я эти места наскрозь знаю. Иди до околицы, увидишь по левой руке избу-пятистенку, возьми от той избы на правую руку по стежке через пески, дойдешь до Прорвы и вали, милый, край Прорвы, вали, не сумлевайся, до самой до горелой ивы. От нее возьмешь чуть-чуть к лесу, мимо Музги, а за Музгой подавайся круто к холмищу, а за холмищем дорога известная — через мшары до самого озера.

— А сколько километров?

— А кто его знает? Может, десять, а может, и все двадцать. Тут километры, милый, немереные.

Я пытался следовать этим советам, но всегда или горелых ив оказывалось несколько, или не было никакого приметного холмища, и я, махнув рукой на рассказы туземцев, полагался только на собственное чувство направления. Оно ночти никогда меня не обманывало.

Туземцы всегда объясняли дорогу со страстью, с неистовым увлечением.

Меня это вначале забавляло, но как-то мне самому пришлось объяснять дорогу на озеро Сегден поэту Симонову, и я поймал себя на том, что рассказывал ему о приметах этой запутанной дороги с такой же страстью, как и туземцы.

Каждый раз, когда объясняешь дорогу, будто снова проходишь по ней, по всем этим привольным местам, по лесным проселкам, усеянным цветами бессмертника, и снова испытываешь легкость на душе. Эта легкость всегда приходит к нам, когда путь далек и нет на сердце забот.

Несколько слов о приметах

Чтобы не заблудиться в лесах, надо знать приметы. Находить приметы или самим создавать их — очень увлекательное занятие. Мир примет бесконечно разнообразен. Бывает очень радостно, когда одна и та же примета сохраняется в лесах год за годом — каждую осень встречаешь все тот же огненный куст рябины за Лариным прудом или все ту же зарубку, сделанную тобой на сосне. С каждым летом зарубка все сильнее заплывает твердой золотистой смолой.

Приметы на дорогах — это не главные приметы. Настоящими приметами считаются те, которые определяют погоду и время.

Примет так много, что о них можно было бы написать целую книгу. В городах приметы нам не нужны. Огненную рябину заменяет эмалированная синяя табличка с названием улицы. Время узнается не по высоте солнца, не по положению созвездий и даже не по петушиным крикам, а по часам. Предсказания погоды передаются по радио. В городах большинство наших природных инстинктов погружается в спячку. Но стоит провести две-три ночи в лесу, и снова обостряется слух, зорче делается глаз, тоньше обоняние.

Приметы связаны со всем: с цветом неба, с росой и туманами, с криком птиц и яркостью звездного света.

В приметах заключено много точного знания и поэзии. Есть приметы простые и сложные. Самая простая примета — это дым костра. То он подымается столбом к небу, спокойно струится вверх, выше самых высоких ив, то стелется туманом по траве, то мечется вокруг огня. И вот к прелести ночного костра, к горьковатому запаху дыма, треску сучьев, перебеганию огня и пушистому белому пеплу присоединяется еще и знание завтрашней погоды.

Глядя на дым, можно определенно сказать, будет ли завтра дождь, ветер или снова, как сегодня, солнце подымется в глубокой тишине, в синих прохладных туманах. Безветрие и теплоту предсказывает и вечерняя роса. Она бывает такой обильной, что даже блестит ночью, отражая свет звезд. И чем обильнее роса, тем жарче будет завтрашний день.

Это всё очень несложные приметы. Но есть приметы сложные и точные. Иногда небо вдруг кажется очень высоким, а горизонт сжимается, кажется близким, до горизонта как будто не больше километра. Это признак будущей ясной погоды.

Иногда в безоблачный день вдруг перестает брать рыба. Реки и озера мертвеют, как будто из них навсегда ушла жизнь. Это верный признак близкого и длительного ненастья. Через день-два солнце изойдет в багровой зловещей мгле, а к полудню черные облака почти коснутся земли, задует сырой ветер и польются томительные, нагоняющие сон обложные дожди.

Возвращение к карте

Я вспомнил о приметах и отвлекся от карты Мещёрского края.

Изучение незнакомого края всегда начинается с карты. Это занятие не менее интересное, чем изучение примет. По карте можно странствовать так же, как по земле, но потом, когда попадаешь на эту настоящую землю, сразу же сказывается знание карты — уже не бродишь вслепую и не тратишь времени на пустяки.

На карте Мещёрского края внизу, в самом дальнем углу, на юге, показан изгиб большой полноводной реки. Это Ока. К северу от Оки тянется лесистая и болотистая низина, к югу — давно обжитые, населенные рязанские земли. Ока течет по рубежу двух совершенно разных, очень непохожих пространств.

Рязанские земли хлебные, желтые от ржаных полей, кудрявые от яблоневых садов. Околицы рязанских деревень часто сливаются друг с другом, деревни разбросаны густо, и нет такого места, откуда бы не была видна на горизонте одна, а то и две-три еще уцелевшие колокольни. Вместо лесов по склонам логов шумят березовые рощи.

Рязанская земля — земля полей. К югу от Рязани уже начинаются степи.

Но стоит переправиться на пароме через Оку, и за широкой полосой приокских лугов уже стоят темной стеной Мещёрские сосновые леса. Они идут к северу и востоку, в них синеют круглые озера. Эти леса скрывают в своей глубине громадные торфяные болота.

На западе Мещёрского края, на так называемой Боровой стороне, среди сосновых лесов лежат в мелколесье восемь боровых озер. К ним нет ни дорог, ни троп, и добраться до них можно только через лес по карте и компасу.

У этих озер одно очень странное свойство: чем меньше озеро, тем оно глубже. В большом Митинском озере всего

96

четыре метра глубины, а в маленьком Удемном — семнадцать метров.

Мшары

К востоку от Боровых озер лежат громадные Мещёрские болота — «мшары», или «омшары». Это заросшие в течение тысячелетий озера. Они занимают площадь в триста тысяч гектаров. Когда стоишь среди такого болота, то по горизонту ясно виден бывший высокий берег озера — «материк» — с его густым сосновым лесом. Кое-где на мшарах видны песчаные бугры, поросшие сосняком и папоротником,- бывшие острова. Местные жители до сих пор так и зовут эти бугры «островами». На «островах» ночуют лоси.

Как-то в конце сентября мы шли мшарами к Поганому озеру. Озеро было таинственное. Бабы рассказывали, что по его берегам растут клюква величиной с орех и поганые грибы «чуть поболее телячьей головы». От этих грибов озеро и получило свое название. На Поганое озеро бабы ходить опасались — около него были какие-то «зеленущие трясины».

— Как ступишь ногой,- рассказывали бабы,- так вся земля под тобой ухнет, загудит, заколышется, как зыбка, ольха закачается, и вода ударит из-под лаптей, прыснет в лицо. Ей-богу! Прямо такие страсти — сказать невозможно. А самое озеро без дна, черное. Ежели какая молодая бабенка на него глянет — враз сомлеет.

— Отчего сомлеет?

— От страху. Так тебя страхом и дерет по спине, так и дерет. Мы как на Поганое озеро наткнемся, так бяжим от него, бяжим до первого острова, там только и отдышимся.

Бабы нас раззадорили, и мы решили обязательно дойти до Поганого озера. По пути мы заночевали на Черном озере. Всю ночь шумел по палатке дождь. Вода тихо ворчала в корнях. В дожде, в непроглядном мраке выли волки.

Черное озеро было налито вровень с берегами. Казалось, стоит подуть ветру или усилиться дождю, и вода затопит мшары и нас вместе с палаткой и мы никогда не выйдем из этих низких, угрюмых пустошей.

Всю ночь мшары дышали запахом мокрого мха, коры,

черных коряг. К утру дождь прошел. Серое небо низко провисало над головой. От того, что облака почти касались верхушек берез, на земле было тихо и тепло. Слой облаков был очень тонок — сквозь него просвечивало солнце.

Мы свернули палатку, взвалили на себя рюкзаки и пошли. Идти было трудно. Прошлым летом по мшарам прошел низовой пожар. Корпи берез и ольхи подгорели, деревья свалились, и мы каждую минуту должны были перелезать через большие завалы. Шли мы по кочкам, а между кочками, там, где кисла рыжая вода, торчали острые, как колья, корни берез. Их зовут в Мещёрском крае колками.

Мшары заросли сфагнумом, брусникой, гонобобелем, кукушкиным льном. Нога тонула в зеленых и серых мхах по самое колено.

За два часа мы прошли только два километра. Впереди показался «остров». Из последних сил, перелезая через завалы, изодранные и окровавленные, мы добрались до лесистого бугра и упали на теплую землю, в заросли ландышей. Ландыши уже созрели — меж широких листьев висели твердые оранжевые ягоды. Сквозь ветки сосен просвечивало бледное небо.

С нами был писатель Гайдар. Он обошел весь «остров». «Остров» был небольшой, со всех сторон его окружали мшары, только далеко на горизонте были видны еще два «острова».

Гайдар закричал издали, засвистел. Мы нехотя встали, пошли к нему, и он показал нам на сырой земле, там, где «остров» переходил в мшары, громадные свежие следы лося. Лось, очевидно, шел большими скачками.

— Это его тропа на водопой.- сказал Гайдар.

Мы пошли по лосиному следу. У нас не было воды, хотелось пить. В ста шагах от «острова» следы привели нас к небольшому «окну» с чистой, холодной водой. Вода пахла йодоформом. Мы напились и вернулись обратно.

Гайдар пошел искать Поганое озеро. Оно лежало где-то рядом, но его, как и большинство озер во мшарах, было очень трудно найти. Озера окружены такими густыми зарослями и высокой травой, что можно пройти в нескольких шагах и не заметить воды.

Гайдар не взял компаса, сказал, что найдет обратную дорогу по солнцу, и ушел. Мы лежали на мху, слушали, как падают с веток старые сосновые шишки. Какой-то зверь глухо протрубил в дальних лесах.

Прошел час. Гайдар не возвращался. Но солнце было еще высоко, и мы не тревожились — Гайдар не мог не найти дорогу обратно.

Прошел второй час, третий. Небо над мшарами стало бесцветным; потом серая стена, похожая на дым, медленно наползла с востока. Низкие облака закрыли небо. Через несколько минут солнце исчезло. Только сухая мгла стлалась над мшарами.

Без компаса в такой мгле нельзя было найти дорогу. Мы вспомнили рассказы о том, как в бессолнечные дни люди кружили в мшарах на одном месте по нескольку суток.

Я влез на высокую сосну и стал кричать. Никто не отзывался. Потом очень далеко откликнулся чей-то голос. Я прислушался, и неприятный холод прошел по спине: в мшарах, как раз в той стороне, куда ушел Гайдар, уныло подвывали волки.

Что же делать? Ветер дул в ту сторону, куда ушел Гайдар. Можно было разжечь костер, дым потянуло бы в мшары, и Гайдар мог бы вернуться на «остров» по запаху дыма. Но этого нельзя было делать. Мы не условились об этом с Гайдаром. В болотах часто бывают пожары. Гайдар мог принять этот дым за приближение пожара и, вместо того чтобы идти к нам, начал бы уходить от нас, спасаясь от огня.

Пожары в высохших болотах — самое страшное, что можно испытать в этих краях. От них трудно спастись — огонь идет очень быстро. Да и куда уйдешь, когда до горизонта лежат сухие, как порох, мхи, и спастись можно, да и то не наверняка, только на «острове» — огонь почему-то обходит иногда лесистые «острова».

Мы кричали все сразу, но нам отвечали только волки. Тогда один из нас ушел с компасом в мшары — туда, где исчез Гайдар.

Спускались сумерки. Вороны летали над «островом» и каркали испуганно и зловеще.

Мы кричали отчаянно, потом все же разожгли костер — быстро темнело,- и теперь Гайдар мог выйти на огонь костра.

Но в ответ на наши крики не было слышно никакого человеческого голоса, и только в глухие сумерки где-то около второго «острова» вдруг загудел и закрякал, как утка, рожок автомобиля. Это было нелепо и дико — откуда мог появиться автомобиль в болотах, где с трудом проходил человек?

Автомобиль явно приближался. Он гудел настойчиво, а через полчаса мы услышали треск в завалах, автомобиль крякнул в последний раз где-то совсем рядом, и из мшар вылез улыбающий-ся, мокрый, измученный Гайдар, а за ним и наш товарищ,- тот, что ушел с компасом.

Оказывается, Гайдар слышал наши крики и все время отвечал, но ветер дул в его сторону и отгонял голос. Потом Гайдару надоело кричать, и он начал крякать — подражать автомобилю.

До Поганого озера Гайдар не дошел. Ему встретилась одинокая сосна, он влез на нее и увидел вдали это озеро. Гайдар поглядел на него, выругался, слез и пошел обратно.

— Почему? — спросили мы его.

— Очень страшное озеро,- ответил он.- Ну его к черту!

Он рассказал, что даже издали видно, какая черная, будто смола, вода в Поганом озере. Редкие больные сосны стоят по берегам, наклонившись над водой, готовые упасть от первого же порыва ветра. Несколько сосен уже упало в воду. Вокруг озера, должно быть, непроходимые трясины.

Темнело быстро, по-осеннему. Мы не остались ночевать на «острове», а пошли мшарами в сторону «материка» — лесистого берега болота. Идти в темноте по завалам было невыносимо трудно. Каждые десять минут мы проверяли направление по фосфорному компасу и только к полночи выбрались на твердую землю, в леса, наткнулись на заброшенную дорогу и поздней ночью дошли по ней к озеру Сеген, где жил наш общий приятель Кузьма Зотов, кроткий, больной человек, рыбак и колхозник.

Я рассказал всю эту историю, в которой нет ничего особенного, только затем, чтобы дать хотя бы отдаленное понятие о том, что представляют собой Мещёрские болота — мшары.

На некоторых мшарах (на Красном болоте и на болоте Пильном) уже началась добыча торфа. Торф здесь старый, мощный, его хватит на сотни лет.

Да, но надо окончить рассказ о Пога́ном озере. На следующее лето мы все же дошли до этого озера. Берега у него были плавучие — не привычные твердые берега, а густое сплетение бело-крыльника, багульника, трав, корней и мхов. Берега качались под ногами, как гамак. Под тощей травой стояла бездонная вода. Шест легко пробивал плавучий берег и уходил в трясину. При каждом шаге фонтаны теплой воды били из-под ног. Останавливаться было нельзя: ноги засасывало и следы наливались водой.

Вода в озере была черная. Со дна пузырями поднимался болотный газ.

Мы удили в этом озере окуней. Мы привязывали длинные лески к кустам багульника или к деревцам молодой ольхи, а сами сидели на поваленных соснах и курили, пока куст багульника не начинал рваться и шуметь или не сгибалось и трещало деревцо ольхи. Тогда мы лениво подыма-лись, тащили за леску и выволакивали на берег жирных черных окуней. Чтобы они не уснули, мы клали их в свои следы, в глубокие ямы, налитые водой, и окуни били в воде хвостами, плескались, но уйти никуда по могли.

В полдень над озером собралась гроза. Она росла на глазах. Маленькое грозовое облако превратилось в зловещую тучу, похожую на наковальню. Она стояла на месте и не хотела уходить.

Молнии хлестали в мшары рядом с нами, и на душе у нас было неважно.

Больше на Поганое озеро мы не ходили, но все же заслужили у баб славу людей отпетых, готовых на все.

— Вовсе отчаянные мужчины,- говорили они нараспев.- Ну такие отчаянные, такие отчаянные, прямо слов нету!

Лесные реки и каналы

Я снова отвлекся от карты. Чтобы покончить с ней, надо сказать о могучих массивах лесов (они заливают всю карту зеленой тусклой краской), о загадочных белых пятнах в глубине лесов и о двух реках — Солотче и Пре, текущих на юг через леса, болота и гари.

Солотча — извилистая, неглубокая река. В ее бочагах стоят под берегами стаи язей. Вода в Солотче красного цвета. Такую воду крестьяне зовут «суровой». На всем протяжении реки только в одном месте к ней подходит неведомо куда ведущая дорога, и при дороге стоит одинокий постоялый двор.

Пра течет из озер северной Мещёры в Оку. Деревень по берегам очень мало. В старое время на Пре, в дремучих лесах, селились раскольники.

В городе Спас-Клепики, в верховьях Пры, работает старинная ватная фабрика. Она спускает в реку хлопковые очесы, и дно Пры около Спас-Клепиков покрыто толстым слоем слежавшейся черной ваты. Это, должно быть, единственная река в Советском Союзе с ватным дном.

Кроме рек, в Мещёрском крае много каналов.

Еще при Александре II генерал Жилинский решил осушить мещерские болота и создать под Москвой большие земли для колонизации. В Мещёру была отправлена экспедиция. Она работала двадцать лет и осушила только полторы тысячи гектаров земли, но на этой земле никто не захотел селиться — она оказалась очень скудной.

Жилинский провёл в Мещёре множество каналов. Сейчас каналы эти заглохли и заросли болотными травами. В них гнездятся утки, живут ленивые лини и верткие вьюны.

Каналы эти очень живописны. Они уходят в глубь лесов. Заросли свисают над водой темными арками. Кажется, что каждый канал ведет в таинственные места. По каналам, особенно весною, можно пробираться в легком челне на десятки километров.

Сладковатый запах водяных лилий смешан с запахом

смолы. Иногда высокие камыши перегораживают каналы сплошными плотинами. По берегам растет белокрыльник. Листья его немного похожи на листья ландыша, но на одном листе прорисована широкая белая полоса, и издали кажется, что это цветут громадные снежные цветы. Папоротник, ежевика, хвощи и мох наклоняются с берегов. Если задеть рукой или веслом за космы мха, из него вылетает густым облаком яркая изумрудная пыль — споры кукушкиного льна. Розовый кипрей цветет невысокими стенами. Оливковые жуки-плавунцы ныряют в воде и нападают на стаи мальков. Иногда приходится тащить челн волоком по мелкой воде. Тогда плавунцы до крови кусают ноги.

Тишина нарушается только звоном комаров и всплесками рыб.

Плавание всегда приводит к неизвестной цели — к лесному озеру или к лесной реке, несущей чистую воду над хрящеватым дном.

На берегах этих рек в глубоких норах живут водяные крысы. Есть крысы, совершенно седые от старости.

Если тихо следить за норой, то можно увидеть, как крыса ловит рыбу. Она выползает из норы, ныряет очень глубоко и выплывает со страшным шумом. На широких водяных кругах качаются желтые кувшинки. Во рту крыса держит серебряную рыбу и плывет с ней к берегу. Когда рыба бывает больше крысы, борьба длится долго, и крыса вылезает на берег усталая, с красными от злости глазами.

Чтобы легче было плавать, водяные крысы отгрызают длинный стебель куги и плавают, держа его в зубах. Стебель куги полон воздушных ячеек. Он прекрасно держит на воде даже не такую тяжесть, как крыса.

Жилинский пытался осушить болота Мещёры. Из этой затеи ничего не вышло. Почва Мещёры — это торф, подзол и пески. На песках хорошо родится только картошка. Богатство Мещёры не в земле, а в лесах, в торфе и в заливных лугах по левому берегу Оки. Эти луга иные ученые сравнивают по плодородию с поймой Нила. Луга дают великолепное сено.

Леса

Мещёра — остаток лесного океана. Мещёрские леса величественны, как кафедральные соборы. Даже старый профессор, ничуть не склонный к поэзии, написал в исследовании о Мещёрском крае такие слова: «Здесь в могучих сосновых борах так светло, что на сотни шагов вглубь видно пролетающую птицу».

По сухим сосновым борам идешь, как по глубокому дорогому ковру,- на километры земля покрыта сухим, мягким мхом. В просветах между соснами косыми срезами лежит солнечный свет. Стаи птиц со свистом и легким шумом разлетаются в стороны.

В ветер леса шумят. Гул проходит по вершинам сосен, как волны. Одинокий самолет, плывущий на головокружительной высоте, кажется миноносцем, наблюдаемым со дна моря.

Простым глазом видны мощные воздушные токи. Они подымаются от земли к небу. Облака тают, стоя на месте. Сухое дыхание лесов и запах можжевельника, должно быть, доносятся и до самолетов.

Кроме сосновых лесов, мачтовых и корабельных, есть леса еловые, березовые и редкие пятна широколиственных лип, вязов и дубов. В дубовых перелесках нет дорог. Они непроезжи и опасны из-за муравьев. В знойный день пройти через дубовую заросль почти невозможно: через минуту все тело, от пяток до головы, покроют рыжие злые муравьи с сильными челюстями. В дубовых зарослях бродят безобидные медведи-муравьятники. Они расковыривают старые пни и слизывают муравьиные яйца.

Леса в Мещёре разбойничьи, глухие. Нет большего отдыха и наслаждения, чем идти весь день по этим лесам, по незнакомым дорогам к какому-нибудь дальнему озеру.

Путь в лесах — это километры тишины, безветрия. Это грибная прель, осторожное перепархи-вание птиц. Это липкие маслюки, облепленные хвоей, жесткая трава, холодные белые грибы, земляника, лиловые колокольчики на полянах, дрожь осиновых листьев, торжественный свет и, наконец, лесные сумерки, когда из мхов тянет сыростью и в траве горят светляки.

Закат тяжело пылает на кронах деревьев, золотит их старинной позолотой. Внизу, у подножия сосен, уже темно и глухо. Бесшумно летают и как будто заглядывают в лицо летучие мыши. Какой-то непонятный звои слышен в лесах — звучание вечера, догоревшего дня.

А вечером блеснет наконец озеро, как черное, косо поставленное зеркало. Ночь уже стоит над ним и смотрит в его темную воду,- ночь, полная звезд. На западе еще тлеет заря, в зарослях волчьих ягод кричит выпь, и на мшарах бормочут и козятся журавли, обеспокоенные дымом костра.

Всю ночь огонь костра то разгорается, то гаснет. Листва берез висит не шелохнувшись. Роса стекает по белым стволам. И слышно, как где-то очень далеко — кажется, за краем земли — хрипло кричит старый петух в избе лесника.

В необыкновенной, никогда не слыханной тишине зарождается рассвет. Небо на востоке зеленеет. Голубым хрусталем загорается на заре Венера. Это лучшее время суток. Еще всё спит. Спит вода, спят кувшинки, спят, уткнувшись носами в коряги, рыбы, спят птицы, и только совы летают около костра медленно и бесшумно, как комья белого пуха.

Котелок сердится и бормочет на огне. Мы почему-то говорим шепотом — боимся спугнуть рассвет. С жестяным свистом проносятся тяжелые утки. Туман начинает клубиться над водой. Мы наваливаем в костер горы сучьев и смотрим, как подымается огромное белое солнце — солнце бесконечного летнего дня.

Так мы живем в палатке на лесных озерах по нескольку дней. Наши руки пахнут дымом и брусникой — этот запах не исчезает неделями. Мы спим по два часа в сутки и почти не знаем усталости. Должно быть, два-три часа сна в лесах стоят многих часов сна в духоте городских домов, в спертом воздухе асфальтовых улиц.

Однажды мы ночевали на Черном озере, в высоких зарослях, около большой кучи старого хвороста.

Мы взяли с собой резиновую надувную лодку и на рассвете выехали на ней за край прибреж-ных кувшинок — ловить рыбу. На дне озера толстым слоем лежали истлевшие листья, и в воде плавали коряги.

Внезапно у самого борта лодки вынырнула громадная горбатая спина черной рыбы с острым, как кухонный нож, спинным плавником. Рыба нырнула и прошла под резиновой лодкой. Лодка закачалась. Рыба вынырнула снова. Должно быть, это была гигантская щука. Она могла задеть резиновую лодку пером и распороть ее, как бритвой.

Я ударил веслом по воде. Рыба в ответ со страшной силой хлестнула хвостом и снова прошла под самой лодкой. Мы бросили удить и начали грести к берегу, к своему биваку. Рыба все время шла рядом с лодкой.

Мы въехали в прибрежные заросли кувшинок и готовились пристать, но в это время с берега раздалось визгливое тявканье и дрожащий, хватающий за сердце вой. Там, где мы спускали лодку, на берегу, на примятой траве стояла, поджав хвост, волчица с тремя волчатами и выла, подняв морду к небу. Она выла долго и скучно; волчата визжали и прятались за мать. Черная рыба снова прошла у самого борта и зацепила пером за весло.

Я бросил в волчицу тяжелым свинцовым грузилом. Она отскочила и рысцой побежала от берега. И мы увидели, как она пролезла вместе с волчатами в круглую нору в куче хвороста невдалеке от нашей палатки.

Мы высадились, подняли шум, выгнали волчицу из хвороста и перенесли бивак на другое место.

Черное озеро названо так по цвету воды. Вода в нем черная и прозрачная.

В Мещёре почти у всех озер вода разного цвета. Больше всего озер с черной водой. В иных озерах (например, в Черненьком) вода напоминает блестящую тушь. Трудно, не видя, представить себе этот насыщенный, густой цвет. И вместе с тем вода в этом озере, так же как и в Черном, совершенно прозрачная.

Этот цвет особенно хорош осенью, когда на черную воду

слетают желтые и красные листья берез и осин. Они устилают воду так густо, что челн шуршит по листве и оставляет за собой блестящую черную дорогу.

Но этот цвет хорош и летом, когда белые лилии лежат на воде, как на необыкновенном стекле. Черная вода обладает великолепным свойством отражения: трудно отличить настоящие берега от отраженных, настоящие заросли — от их отражения в воде.

В Урженском озере вода фиолетовая, в Сегдене — желтоватая, в Великом озере — оловянного цвета, а в озерах за Прой — чуть синеватая. В луговых озерах летом вода прозрачная, а осенью приобретает зеленоватый морской цвет и даже запах морской воды.

Но большинство озер все же — черные. Старики говорят, что чернота вызвана тем, что дно озер устлано толстым слоем опавших листьев. Бурая листва дает темный настой. Но это не совсем верно. Цвет объясняется торфяным дном озер — чем старее торф, тем темнее вода.

Я упомянул о Мещёрских челнах. Они похожи на полинезийские пироги. Они выдолблены из одного куска дерева. Только на носу и на корме они склепаны коваными гвоздями с большими шляпками.

Челн очень узок, легок, поворотлив, на нем можно пройти по самым мелким протокам.

Луга

Между лесами и Окой тянутся широким поясом заливные луга.

В сумерки луга похожи на море. Как в море, садится солнце в травы, и маяками горят сигналь-ные огни на берегу Оки. Так же как в море, над лугами дуют свежие ветры, и высокое небо опрокинулось бледной зеленеющей чашей.

В лугах тянется на много километров старое русло Оки. Его зовут Прорвой.

Это заглохшая, глубокая и неподвижная река с крутыми берегами. Берега заросли высокими, старыми, в три обхвата, осокорями, столетними ивами, шиповником, зонтичными травами и ежевикой.

Один плес на этой реке мы назвали «Фантастической Прорвой», потому что нигде и никто из нас не видел таких огромных, в два человеческих роста, репейников, голубых колючек, такой высокой медуницы и конского щавеля и таких исполинских грибов-дождевиков, как на этом плесе.

Густота трав в иных местах на Прорве такая, что с лодки нельзя высадиться на берег,- травы стоят непроходимой упругой стеной. Они отталкивают человека. Травы перевиты предательскими петлями ежевики, сотнями опасных и колких силков.

Над Прорвой часто стоит легкая дымка. Цвет ее меняется от времени дня. Утром — это голубой туман, днем — белесая мгла, и лишь в сумерки воздух над Прорвой делается прозрачным, как ключевая вода. Листва осокорей едва трепещет, розовая от заката, и в омутах гулко бьют прорвинские щуки.

По утрам, когда нельзя пройти по траве и десяти шагов, чтобы не промокнуть до нитки от росы, воздух на Прорве пахнет горьковатой ивовой корой, травянистой свежестью, осокой. Он густ, прохладен и целителен.

Каждую осень я провожу на Прорве в палатке по многу

109

суток. Чтобы получить отдаленное представление о том, что такое Прорва, следует описать хотя бы один прорвинский день. На Прорву я приезжаю на лодке. Со мной палатка, топор, фонарь, рюкзак с продуктами, саперная лопатка, немного посуды, табак, спички и рыболовные принадлежности: удочки, донки, переметы, жерлицы и, самое главное, банка с червяками-подлистниками. Их и собираю в старом саду под кучами палых листьев.

На Прорве у меня есть уже свои любимые, всегда очень глухие места. Одно из них — это крутой поворот реки, где она разливается в небольшое озеро с очень высокими, заросшими лозой берегами.

Там я разбиваю палатку. Но прежде всего я таскаю сено. Да, сознаюсь, я таскаю сено из ближайшего стога, по таскаю очень ловко, так, что даже самый опытный глаз старика колхозника не заметит в стогу никакого изъяна. Сено я подкладываю под брезентовый пол палатки. Потом, когда я уезжаю, я отношу его обратно.

Палатку надо натягивать так, чтобы она гудела, как барабан. Потом ее надо окопать, чтобы во время дождя вода стекала в канавы по бокам палатки и не подмочила пол.

Палатка устроена. В ней тепло и сухо. Фонарь «летучая мышь» висит на крючке. Вечером я зажигаю его и даже читаю в палатке, но читаю обыкновенно недолго — на Прорве слишком много помех: то за соседним кустом начнет кричать коростель, то с пушечным гулом ударит пудовая рыба, то оглушительно выстрелит в костре ивовый прут и разбрызжет искры, то над зарослями начнет разгораться багровое зарево и мрачная луна взойдет над просторами вечерней земли. И сразу же стихнут коростели и перестанет гудеть в болотах выпь — луна подымается в насторожен-ной тишине. Она появляется, как владетель этих темных вод, столетних ив, таинственных длинных ночей.

Шатры черных ив нависают над головой. Глядя на них, начинаешь понимать значение старых слов. Очевидно, такие шатры в прежние времена назывались «сенью». Под сенью ив...

110

И почему-то в такие ночи созвездие Ориона называешь Стожарами, а слово «полночь», которое в городе звучит, пожалуй, как литературное понятие, приобретает здесь настоящий смысл. Вот эта тьма под ивами, и блеск сентябрьских звезд, и горечь воздуха, и далекий костер в лугах, где мальчишки сторожат коней, согнанных в ночное,- все это полночь. Где-то далеко сторож отбивает на сельской колокольне часы. Он бьет долго, мерно — двенадцать ударов. Потом снова темная тишина. Только изредка на Оке закричит заспанным голосом буксирный пароход.

Ночь тянется медленно; кажется, ей не будет конца. Сон в осенние ночи в палатке крепкий, свежий, несмотря на то что просыпаешься через каждые два часа и выходишь посмотреть на небо — узнать, не взошел ли Сириус, не видно ли на востоке полосы рассвета.

С каждым часом ночь холодеет. К рассвету воздух уже обжигает лицо легким морозом, полотнища палатки, покрытые толстым слоем хрустящего инея, чуть-чуть провисают, и трава седеет от первого утренника.

Пора вставать. На востоке уже наливается тихим светом заря, уже видны на небе огромные очертания ив, уже меркнут звезды. Я спускаюсь к реке, моюсь с лодки. Вода теплая, она кажется даже слегка подогретой.

Восходит солнце. Иней тает. Прибрежные пески делаются тёмными от росы.

Я кипячу крепкий чай в жестяном закопченном чайнике. Твердая копоть похожа на эмаль. В чайнике плавают перегоревшие в костре ивовые листья.

Все утро я ловлю рыбу. Я проверяю с лодки переметы, поставленные поперек реки еще с вечера. Сначала идут пустые крючки — на них всю наживку съели ерши. Но вот шнур натягивает-ся, режет воду, и в глубине возникает живой серебряный блеск — это ходит на крючке плоский лещ. За ним виден жирный и упористый окунь, потом — щуренок с желтыми пронзительными глазами. Вытащенная рыба кажется ледяной.

К этим дням, проведенным на Прорве, целиком относятся слова Аксакова:

«На зеленом цветущем берегу, над темной глубью реки или озера, в тени кустов, под шатром исполинского осокоря или кудрявой ольхи, тихо трепещущей своими листьями в светлом зеркале воды, улягутся мнимые страсти, утихнут мнимые бури, рассыплются самолюбивые мечты, разлетятся несбыточные надежды. Природа вступит в вечные права свои. Вместе с благовонным, свободным, освежительным воздухом вдохнете вы в себя безмятежность мысли, кротость чувства, снисхождение к другим и даже к самому себе».

Небольшое отступление от темы

С Прорвой связано много всяких рыболовных происшествий. Об одном из них я расскажу.

Великое племя рыболовов, обитавших в селе Солотче, около Прорвы, было взволновано. В Солотчу приехал из Москвы высокий старик с длинными серебряными зубами. Он тоже ловил рыбу.

Старик ловил на спиннинг: английскую удочку с блесной — искусственной никелевой рыбкой.

Мы презирали спиннинг. Мы со злорадством следили за стариком, когда он терпеливо бродил по берегам луговых озер и, размахивая спиннингом, как кнутом, неизменно выволакивал из воды пустую блесну.

А тут же рядом Ленька, сын сапожника, таскал рыбу не на английскую леску, стоящую сто рублей, а на обыкновенную веревку. Старик вздыхал и жаловался:

— Жестокая несправедливость судьбы!

Он говорил даже с мальчишками очень вежливо, на «вы», и употреблял в разговоре старомод-ные, давно забытые слова. Старику не везло. Мы давно уже знали, что все рыболовы делятся на глубоких неудачников и на счастливцев. У счастливцев рыба клюет даже на дохлого червяка. Кроме того, есть рыболовы — завистники и хитрецы. Хитрецы думают, что они могут перехит-рить любую рыбу, но никогда в жизни я не видел, чтобы такой рыболов перехитрил даже самого серого ерша, не говоря о плотве.

С завистником лучше не ходить на ловлю — клевать у него все равно не будет. В конце концов, похудев от зависти, он начнет подкидывать свою удочку к вашей, шлепать грузилом по воде и распугает всю рыбу.

Итак, старику не везло. За один день он обрывал о коряги не меньше десяти дорогих блесен, ходил весь в крови и волдырях от комаров, но не сдавался.

Один раз мы взяли его с собой на озеро Сегден.

Всю ночь старик дремал у костра стоя, как лошадь: сесть на

сырую землю он боялся. На рассвете я зажарил яичницу с салом. Сонный старик хотел перешагнуть через костер, чтобы достать хлеб из сумки, споткнулся и наступил огромной ступней на яичницу.

Он выдернул ногу, вымазанную желтком, тряхнул ею в воздухе и ударил по кувшину с молоком. Кувшин треснул и рассыпался на мелкие части. И прекрасное топленое молоко с легким шорохом всосалось у нас на глазах в мокрую землю.

— Виноват! — сказал старик, извиняясь перед кувшином.

Потом он пошел к озеру, опустил ногу в холодную воду и долго болтал ею, чтобы смыть с ботинка яичницу. Две минуты мы не могли выговорить ни слова, а потом хохотали в кустах до самого полдня.

Всем известно, что раз рыболову не везет, то рано или поздно с ним случится такая хорошая неудача, что о ней будут рассказывать по деревне не меньше десяти лет. Наконец такая неудача случилась.

Мы пошли со стариком на Прорву. Луга еще не были скошены. Ромашка величиной с ладонь хлестала по ногам.

Старик шел и, спотыкаясь о травы, повторял:

— Какой аромат, граждане! Какой упоительный аромат!

Над Прорвой стояло безветрие. Даже листья ив не шевелились и не показывали серебристую изнанку, как это бывает и при легком ветре. В нагретых травах «жундели» шмели.

Я сидел на разбитом плоту, курил и следил за перяным поплавком. Я терпеливо ждал, когда поплавок вздрогнет и пойдет в зеленую речную глубину. Старик ходил по песчаному берегу со спиннингом. Я слышал из-за кустов его вздохи и возгласы:

— Какое дивное, очаровательное утро!

Потом я услышал за кустами кряканье, топот, сопенье и звуки, очень похожие на мычание коровы с завязанным ртом. Что-то тяжелое шлепнулось в воду, и старик закричал тонким голосом:

— Боже мой, какая красота!

Я соскочил с плота, по пояс в воде добрался до берега и

подбежал к старику. Он стоял за кустами у самой воды, а на песке перед ним тяжело дышала старая щука. На первый взгляд, в ней было не меньше пуда.

— Тащите ее подальше от воды! — крикнул я.

Но старик зашипел на меня и дрожащими руками вынул из кармана пенсне. Он надел его, нагнулся над щукой и начал ее рассматривать с таким восторгом, с каким знатоки любуются редкой картиной в музее.

Щука не сводила со старика злых прищуренных глаз.

— Здорово похожа на крокодила! — сказал Ленька. Щука покосилась на Леньку, и он отскочил. Казалось, щука прохрипела: «Ну погоди, дурак, я тебе оторву уши!»

— Голубушка! — воскликнул старик и еще ниже наклонился над щукой.

Тогда и случилась та неудача, о которой до сих пор говорят по деревне.

Щука примерилась, мигнула глазом и со всего размаху ударила старика хвостом по щеке. Над сонной водой раздался оглушительный треск оплеухи. Пенсне полетело в реку. Щука подскочила и тяжело шлепнулась в воду.

— Увы! — крикнул старик, но было уже поздно.

В стороне приплясывал Ленька и кричал нахальным голосом:

— Ага! Получили! Не ловите, не ловите, не ловите, когда не умеете!

В тот же день старик смотал свои спиннинги и уехал в Москву. И никто больше не нарушал тишину протоков и рек, не обрывал блесной холодные речные лилии и не восторгался вслух тем, чем лучше всего восторгаться без слов.

Еще о лугах

В лугах очень много озер. Названия у них странные и разнообразные: Тишь, Бык, Хотец, Промоина, Канава, Старица, Музга, Бобровка, Селянское озеро и, наконец, Лангобардское.

На дне Хотца лежат черные мореные дубы. В Тиши всегда затишье. Высокие берега закрывают озеро от ветров. В Бобровке некогда водились бобры, а теперь гоняют мальков шелесперы. Промоина — глубокое озеро с такой капризной рыбой, что ловить ее может только человек с очень хорошими нервами. Бык — озеро таинственное, далекое, тянущееся на много километров. В нем мели сменяются омутами, но мало тени на берегах, и потому мы его избегаем. В Канаве водятся удивительные золотые лини: каждый такой линь клюет полчаса. К осени берега Канавы покрываются пурпурными пятнами, но не от осенней листвы, а от обилия очень крупных ягод шиповника.

На Старице по берегам — песчаные дюны, заросшие чернобыльником и чередой. На дюнах растет трава, ее зовут живучкой. Это плотные серо-зеленые шарики, похожие на туго закрывшую-ся розу. Если вырвать такой шарик из песка и положить корнями вверх, он начинает медленно ворочаться, как перевернутый на спину жук, расправляет с одной стороны лепестки, упирается на них и переворачивается опять корнями к земле.

В Музге глубина доходит до двадцати метров. На берегах Музги во время осеннего перелета отдыхают журавлиные стаи. Селянское озеро все заросло черной кугой. В ней гнездятся сотни уток.

Как прививаются названия! В лугах около Старицы есть небольшое безыменное озеро. Мы назвали его Лангобардским в честь бородатого сторожа — «лангобарда». Он жил на берегу озера в шалаше, сторожил капустные огороды. А через год, к нашему удивлению, название привилось, но колхозники переделали его по-своему и стали называть это озеро Амбарским.

116

Разнообразие трав в лугах неслыханное. Нескошенные луга так душисты, что с непривычки туманится и тяжелеет голова. На километры тянутся густые, высокие заросли ромашки, цикория, клевера, дикого укропа, гвоздики, мать-и-мачехи, одуванчиков, генцианы, подорожника, колоко-льчиков, лютиков и десятков других цветущих трав. В травах к покосу созревает луговая клубника.

Старики

В лугах — в землянках и шалашах — живут болтливые старики. Это или сторожа на колхозных огородах, или паромщики, или корзинщики. Корзинщики ставят шалаши около прибрежных зарослей ивняка.

Знакомство с этими стариками начинается обыкновенно во время грозы или дождя, когда приходится отсиживаться в шалашах, пока гроза не свалится за Оку или в леса и над лугами не опрокинется радуга.

Знакомство всегда происходит по раз навсегда установленному обычаю. Сначала мы закурива-ем, потом идёт вежливый и хитрый разговор, направленный к тому, чтобы выведать, кто мы такие, после него — несколько неопределенных слов о погоде («заладили дожжи» или, наоборот, «наконец-то обмоет траву, а то все сушь да сушь»). И только после этого беседа может свободно переходить на любую тему.

Больше всего старики любят поговорить о вещах необыкновенных: о новом Московском море, «водяных еропланах» (глиссерах) на Оке, французской пище («из лягушек уху варят и хлебают серебряными ложками»), барсучьих бегах и колхознике из-под Пронска, который, говорят, заработал столько трудодней, что купил на них автомобиль с музыкой.

Чаще всего я встречался с ворчливым дедом-корзинщиком. Жил он в шалаше на Музге. Звали его Степаном, а прозвище у него было «Борода на жердях».

Дед был худой, тонконогий, как старая лошадь. Говорил он невнятно, борода лезла в рот; ветер ворошил у деда мохнатое лицо.

Как-то я заночевал в шалаше у Степана. Пришел я поздно. Были серые теплые сумерки, перепадал нерешительный дождь. Он шумел по кустам, стихал, потом снова начинал шуметь, как будто играл с нами в прятки.

— Возится этот дождь, как дитё,- сказал Степан.- Чисто ребенок — то тут шелохнет, то там, а то и вовсе притаится, слушает наш разговор.

У костра сидела девочка лет двенадцати, светлоглазая, тихая, испуганная. Говорила она только шепотом.

— Вот, приблудилась дурочка из Заборья! — сказал ласково дед.- Телку в лугах искала-искала да и доискалась до темноты. Прибегла на огонь к деду. Что ты с ней будешь делать.

Степан вытащил из кармана желтый огурец и дал девочке:

— Ешь, не сумлевайся.

Девочка взяла огурец, кивнула головой, но есть не стала.

Дед поставил на огонь котелок, начал варить похлебку.

— Вот, милые вы мои,- сказал дед, закуривая,- бродите вы, как нанятые, по лугам, по озерам, а того нету у вас в понятии, что были все эти луга, и озера, и леса монастырские. От самой Оки до Пры, почитай, на сто верст, весь лес был монашеский. А теперь народный, теперь тот лес трудовой.

— А за что им такие леса были дадены, дедушка? — спросила девочка.

— А пес их знает за что! Бабы-дуры говорили — за святость. Грехи они наши замаливали перед матерью божьей. А какие у нас грехи? Грехов у нас, почитай, никаких и не было. Эх, темнота, темнота!

Дед вздохнул.

— Ходил и я по церквам, был грех,- пробормотал смущенно дед.- Да что толку-то! Лапти даром уродовал.

Дед помолчал, накрошил в похлебку черного хлеба.

— Житьишко наше было плохое,- сказал он, сокрушаясь.- Не хватало ни мужикам, ни бабам счастья. Мужик еще туда-сюда — мужик, по крайности, к водке прибьется, а баба совсем пропадала. Ребята у ней были не питые, не сытые. Топталась она всю жизнь с ухватами у печки, покуль черви в глазах не заводились. Ты не смейся, ты это брось! Я верное слово сказал насчет червей. Заводились те черви в бабьих глазах от огня.

— Ужасти! — тихо вздохнула девочка.

— А ты не пужайся,- сказал дед.- У тебя черви не заведутся.

Теперь девки нашли свое счастье. Ране народ думал — живет оно, счастье, на теплых водах, в синих морях, а на поверку вышло, что живет оно здесь, в черепке.- Дед постучал корявым пальцем по лбу.- Вот, к примеру, Манька Малявина. Голосистая была девчонка, и все. В старые времена она бы свой голос в одночасье проплакала, а теперь ты гляди, что получилось. Что ни день — у Малявина чистый праздник: гармонь играет, пироги пекут. А почему? Потому, милые мои, что как же ему, Ваське Малявину, не весело жить, когда Манька каждый месяц ему, старому черту, двести рублей присылает!

— Откуль? — спросила девочка.

— Из Москвы. Она в театре поет. Кто слыхал, говорят — райское пение. Прямо плачет навзрыд весь народ. Вот она какая теперь становится, бабья доля. Приезжала она прошлым летом, Манька. Так разве узнаешь! Тонкая девица, гостинец мне привезла. Пела в избе-читальне. Я до всего привычный, а прямо скажу: схватило меня за сердце, а чего — не пойму. Откуль, думаю, такая власть человеку дадена? И как это пропадала она у нас, мужиков, от нашей дурости тысячи лет! Потопчешься сейчас по земле, там послухаешь, тут поглядишь, и умирать вроде все как будто рано и рано — никак, милый, время для смерти не выберешь.

Дед снял похлебку с огня и полез в шалаш за ложками.

— Жить бы нам и жить, Егорыч,- сказал он из шалаша.- Родились мы чуть-чуть рановато. Не угадали.

Девочка смотрела в огонь светлыми, блестящими глазами и думала о чем-то о своем.

Родина талантов

На краю Мещёрских лесов, недалеко от Рязани, лежит село Солотча. Солотча прославлена своим климатом, дюнами, реками и сосновыми борами. В Солотче есть электричество.

Крестьянские кони, согнанные в ночное на луга, дико смотрят на белые звезды электрических фонарей, повисшие в далеком лесу, и всхрапывают от страха.

Я жил первый год в Солотче у кроткой старушки, старой девы и сельской портнихи, Марьи Михайловны. Ее звали вековушей — весь свой век она коротала одна, без мужа, без детей.

В ее чисто умытой игрушечной избе тикало несколько ходиков и висели две старинные картины неизвестного итальянского мастера. Я протер их сырым луком, и итальянское утро, полное солнца и отблесков воды, наполнило тихую избу. Картину оставил отцу Марьи Михайловны в уплату за комнату неизвестный художник-иностранец. Он приезжал в Солотчу изучать тамошнее иконописное мастерство. Он был человек почти нищий и странный. Уезжая, он взял слово, что картина будет ему прислана в Москву в обмен на деньги. Денег художник не прислал — в Москве он внезапно умер.

За стеной избы по ночам шумел соседский сад. В саду стоял дом в два этажа, обнесенный глухим забором. Я забрел в этот дом в поисках комнаты. Со мной говорила красивая седая стару-ха. Она строго посмотрела на меня синими глазами и комнату сдать отказалась. За ее плечом я разглядел стены, увешанные картинами.

— Чей это дом? — спросил я вековушу.

— Да как же! Академика Пожалостина, знаменитого гравера. Умер он перед революцией, а старуха — его дочь. Их там две живут старухи. Одна совсем дряхлая, горбатенькая.

Я недоумевал. Гравер Пожалостин — один из лучших русских граверов, работы его разброса-ны всюду: у нас, во Франции, в Англии, и вдруг — Солотча! Но вскоре я перестал

121

недоумевать, услышав, как колхозники, копая картошку, заспорили, приедет ли в этом году в Солотчу художник Архипов или нет.

Пожалостин — бывший пастух. Художники Архипов и Малявин, скульптор Голубкина — все из этих, рязанских мест. В Солотче почти нет избы, где не было бы картин. Спросишь: кто писал? Отвечают: дед, или отец, или брат. Солотчинцы были когда-то знаменитыми богомазами. Имя Пожалостина до сих пор произносится с уважением. Он учил солотчан рисовать. Они ходили к нему тайком, неся завернутые в чистую тряпицу свои холсты на оценку — на хвалу или поругание.

Долго я не мог свыкнуться с мыслью, что рядом, за стеной, в темноватых комнатах старого дома, лежат редчайшие книги по искусству и медные гравированные доски. Поздно ночью я выходил к колодцу напиться воды. На срубе лежал иней, ведро обжигало пальцы, ледяные звезды стояли над безмолвным и черным краем, и только в доме Пожалостина тускло светилось окошко: дочь его читала до рассвета. Изредка она, вероятно, поднимала очки на лоб и прислушивалась — стерегла дом.

На следующий год я поселился у Пожалостиных. Я снял у них старую баню в саду. Сад был заглохший, весь в сирени, в одичалом шиповнике, в яблонях и кленах, покрытых лишаями.

На стенах в пожалостинском доме висели прекрасные гравюры — портреты людей прошлого века. Я никак не мог избавиться от их взглядов. Когда я чинил удочки или писал, толпа женщин и мужчин в наглухо застегнутых сюртуках, толпа семидесятых годов, смотрела на меня со стен с глубоким вниманием. Я подымал голову, встречался взглядом с глазами Тургенева или генерала Ермолова, и мне почему-то становилось неловко.

Солотчинская округа — страна талантливых людей. Недалеко от Солотчи родился Есенин.

Однажды ко мне в баню зашла старуха в поневе — принесла продавать сметану.

— Ежели тебе еще сметана потребуется,- сказала она ласково,- так ты приходи ко мне, у меня есть. Спросишь у церкви, где живет Татьяна Есенина. Тебе всякий покажет.

— Есенин Сергей не твой родственник?

— Поет? — спросила бабка.

— Да, поэт.

— Племянничек мой,- вздохнула бабка и вытерла рот концом платка.- Был он поет хороший, только больно чудной. Так ежели сметанка потребуется, ты заходи ко мне, милый.

На одном из лесных озер около Солотчи живет Кузьма Зотов. До революции Кузьма был безответный бедняк. От бедности сохранилась у него привычка говорить вполголоса, незаметно — лучше уж не говорить, а помалкивать. Но от этой же бедности, от «тараканьей жизни» сохрани-лось у него и упрямое желание во что бы то ни стало сделать своих детей «настоящими людьми».

В избе Зотовых появилось за последние годы много нового — радио, газеты, книги. От старого времени остался только дряхлый пес — никак не хочет умирать.

— Как его ни корми, все равно тощает,- говорит Кузьма.- Такой у него на всю жизнь завод остался бедняцкий. Кто почище одет, тех боится, хоронится под лавку. Думает — господа!

У Кузьмы трое сыновей-комсомольцев. Четвертый сын — еще совсем мальчик, Вася.

Один из сыновей, Миша, заведует опытной ихтиологической станцией на озере Великом, около города Спас-Клепики. Как-то летом Миша привез домой старую скрипку без струн — купил ее у какой-то старухи. Скрипка валялась в старухиной избе, в сундуке,- осталась от помещиков Щербатовых. Скрипка была итальянской работы, и Миша решил зимой, когда на опытной станции будет мало работы, съездить в Москву — показать ее знатокам. Играть на скрипке он не умел.

— Если окажется ценной,- сказал он мне,- подарю кому-нибудь из наших лучших скрипачей.

Второй сын, Ваня,- учитель ботаники и зоологии в большом лесном селе, за сто километров от родного озера. Во время отпуска он помотает матери по хозяйству, а в свободное время бродит по лесам или по озеру по пояс в воде, ищет какие

123

то редкие водоросли. Их он обещал показать своим ученикам, шустрым и страшно любопытным.

Ваня человек застенчивый. От отца к нему перешли незлобивость, расположение к людям, любовь к душевным разговорам.

Вася еще учится в школе. На озере школы нет — там всего четыре избы,- и Васе приходится бегать и школу через лес, за семь километров.

Вася — знаток своих мест. Он знает каждую тропинку в лесу, каждую барсучью нору, оперение каждой птицы. Его серые прищуренные глаза обладают необыкновенной зоркостью.

Два года назад на озеро приехал из Москвы художник. Он взял Васю себе в помощники. Вася перевозил художника на челне на другой берег озера, менял ему воду для красок (художник рисо-вал французскими акварельными красками Лефранка), подавал из коробки свинцовые тюбики.

Однажды художника с Васей застигла на берегу гроза. Я помню ее. Это была не гроза, а стремительный, предательский ураган. Пыль, розовая от блеска молний, неслась по земле. Леса шумели так, будто океаны прорвали плотины и затапливают Мещёру. Гром встряхивал землю.

Художник с Васей едва добрались до дому. В избе художник обнаружил пропажу жестяной коробки с акварелью. Краски были потеряны, великолепные краски Лефранка! Художник искал их несколько дней, по не нашел и вскоре уехал в Москву.

Через два месяца в Москве художник получил письмо, написанное большими корявыми буквами.

«Здравствуйте,- писал Вася.- Отпишите, что делать с вашими красками и как их вам пере-слать. Как вы уехали, я их искал две недели, все обшарил, пока нашел, только сильно простыл, потому уже были дожди, заболел и не мог вам раньше отписать. Я чуть не помер, но теперь хожу, хотя еще очень слабый. Так что не сердитесь. Папаня говорил, что было у меня воспаление в легких. Пришлите мне, если есть у вас какая возможность, книжку про всякие деревья и цветных карандашей — охота мне рисовать. У нас уже падал снег, но только стаял, а в лесу под елочкой — смотришь — и сидит заяц! Остаюсь Вася Зотов».

Мой дом

Маленький дом, где я живу в Мещёре, заслуживает описания. Это бывшая баня, бревенчатая изба, обшитая серым тесом. Дом стоит в густом саду, но почему-то отгорожен от сада высоким частоколом. Этот частокол — западня для деревенских котов, любителей рыбы. Каждый раз, когда я возвращаюсь с ловли, коты всех мастей — рыжие, черные, серые и белые с подпалинами — берут дом в осаду. Они шныряют вокруг, сидят на заборе, на крышах, на старых яблонях, подвы-вают друг на друга и ждут вечера. Все они смотрят не отрываясь на кукан с рыбой — он подвешен к ветке старой яблони с таким расчетом, что достать его почти невозможно.

Вечером коты осторожно перелезают через частокол и собираются под куканом. Они подыма-ются на задние лапы, а передними делают стремительные и ловкие взмахи, стараясь зацепить кукан. Издали кажется, что коты играют в волейбол. Потом какой-нибудь наглый кот подпрыгива-ет, вцепляется в кукан мертвой хваткой, висит на нем, качается и старается оторвать рыбу. Остальные коты бьют от досады друг друга по усатым мордам. Кончается это тем, что я выхожу с фонарем из бани. Коты, застигнутые врасплох, бросаются к частоколу, но не успевают перелезть через него, а протискиваются между кольями и застревают. Тогда они прижимают уши, закрывают глаза и начинают отчаянно кричать, прося пощады.

Осенью весь дом засыпан листьями, и в двух маленьких комнатках становится светло, как в облетающем саду.

Трещат печи, пахнет яблоками, чисто вымытыми полами. Синицы сидят на ветках, пересыпа-ют в горле стеклянные шарики, звенят, трещат и смотрят на подоконник, где лежит ломоть черного хлеба.

В доме я ночую редко. Большинство ночей я провожу на озерах, а когда остаюсь дома, то ночую в старой беседке в глубине сада. Она заросла диким виноградом. По утрам солнце бьет в нее сквозь пурпурную, лиловую, зеленую и лимонную листву, и мне всегда кажется, что я просыпаюсь внутри зажженной елки. Воробьи с удивлением заглядывают в беседку. Их смертельно занимают часы. Они тикают на врытом в землю круглом столе. Воробьи подбираются к ним, слушают тиканье то одним, то другим ухом и потом сильно клюют часы в циферблат.

Особенно хорошо в беседке в тихие осенние ночи, когда в саду шумит вполголоса неторопливый отвесный дождь.

Прохладный воздух едва качает язычок свечи. Угловатые тени от виноградных листьев лежат на потолке беседки. Ночная бабочка, похожая на комок серого шелка-сырца, садится на раскры-тую книгу и оставляет на странице тончайшую блестящую пыль.

Пахнет дождем — нежным и вместе с тем острым запахом влаги, сырых садовых дорожек.

На рассвете я просыпаюсь. Туман шуршит в саду. В тумане падают листья. Я вытаскиваю из колодца ведро воды. Из ведра выскакивает лягушка. Я обливаюсь колодезной водой и слушаю рожок пастуха — он поет еще далеко, у самой околицы.

Я иду в пустую баню, кипячу чай. На печке заводит свою песню сверчок. Он поет очень громко и не обращает внимания ни на мои шаги, ни на звон чашек.

Светает. Я беру весла и иду к реке. Цепной пес Дивный спит у калитки. Он бьет хвостом по земле, но не подымает головы. Дивный давно привык к моим уходам на рассвете. Он только зевает мне вслед и шумно вздыхает.

Я отплываю в тумане. Восток розовеет. Уже не доносится запах дыма сельских печей. Остается только безмолвие воды, зарослей, вековых ив.

Впереди — пустынный сентябрьский день. Впереди — затерянность в этом огромном мире пахучей листвы, трав, осеннего увядания, затишливых вод, облаков, низкого неба. И эту затерян-ность я всегда ощущаю как счастье.

Бескорыстие

Можно еще много писать о Мещёрском крае. Можно написать, что этот край очень богат лесами и торфом, сеном и картофелем, молоком и ягодами. Но я нарочно не пишу об этом. Неужели мы должны любить свою землю только за то, что она богата, что она дает обильные урожаи и природные ее силы можно использовать для нашего благосостояния!

Не только за это мы любим родные места. Мы любим их еще за то, что, даже небогатые, они для нас прекрасны. Я люблю Мещёрский край за то, что он прекрасен, хотя вся прелесть его раскрывается не сразу, а очень медленно, постепенно.

На первый взгляд — это тихая и немудрая земля под неярким небом. Но чем больше узнаешь ее, тем все больше, почти до боли в сердце, начинаешь любить эту обыкновенную землю. И если придется защищать свою страну, то где-то в глубине сердца я буду знать, что я защищаю и этот клочок земли, научивший меня видеть и понимать прекрасное, как бы невзрачно на вид оно ни было, — этот лесной задумчивый край, любовь к которому не забудется, как никогда не забывается первая любовь.